W a g o k o r o　N u n o　S e i k a t s u

和ごころ布生活

茶原真佐子 Masako Chahara
浜口美穂 Miho Hamaguchi
村瀬結子 Yuko Murase

風媒社

はじめに

古くから人は布に包まれて暮らしてきました。
わが身を温かくくるんで…
装って…
モノを持ち運ぶ道具として…
掛けて、敷いて…
一枚の平たい布は、さまざまな工夫によって道具に生まれ変わり、
暮らしを便利にしてくれました。
そして、小さな端切れとなったり、ぼろぼろになって、
布の寿命を全うするまで、大切に使い込まれてきました。

この本では、体にまとう着物から小さな端切れまで、あらゆる大きさの布をさまざまな生活シーンで活用する方法や、大切に使いきる知恵を紹介します。
布にまつわる先人の暮らしの知恵には、「すごい！」と感動することがたくさんあります。体型に応じて着こなせる着物の知恵、どんな形のものでも包み込むふろしきの知恵、古くなった布を生まれ変わらせる知恵など。先人たちの「もったいない」というつぶやきが聞こえてきます。

最近、見直されてきた「もったいない」という言葉。『広辞苑』を引くと「その

ものの値打ちが生かされず無駄になるのが惜しい」と書いてあります。

　島国の険しい山々や、時には荒れる川辺や海辺という厳しい環境の中にとどまり、暮らしてきた私たちの祖先。その中で、限られた資源をやりくりする知恵が生まれ、厳しい暮らしを乗り越える力にもなる刺し子のような楽しみを見つけてきたのかもしれません。

『広辞苑』には、「もったいない」のもう一つの意味も書いてあります。「過分のことで畏《おそ》れ多い。かたじけない。ありがたい」。先人たちは自然を神のように畏れ敬い、自然の恵みをいただき、生きていくことに感謝する気持ちも持ち続けていました。

「お蚕さん」から絹糸をいただき、麻や綿を紡いで糸にし、織り上げる。その自然の恵みを、端切れまで大切に使ってきたのでしょう。また、暮らしを支えてくれる自然と調和しながら生きる中で、季節の微妙な移り変わりを感じとり、はかないものを慈しんだのでしょうか。

　あわただしく過ぎていく毎日に少しブレーキをかけ、肩の力を抜いて、布に触れてみませんか？　先人たちが教えてくれる「和ごころ」で自分の暮らしを見直し、日々の生活を楽しみたいですね。

和ごころ布生活

［目次］

布をまとう

和ごころでお出かけ。何だか背筋がシャンとします。日傘は、おばあちゃんのウールの着物をリメイクしたお気に入り。
（本書 109 ページ参照）

洋服地の余り布で半幅帯を手作り。半襟とおそろいで。
（本書 47 ページ参照）

モダンな柄（虫めがね！）の手ぬぐいを半襟にしてみました。
（本書 47 ページ参照）

昔買った派手なスカーフも、着物からチラリと見える半襟に使うと意外に似合うことも。
（本書 47 ページ参照）

布と暮らす

肩にふろしきインスタントバッグ（110㎝幅・綿100％）、裂き編みの帽子をかぶって、ふらり一人旅。変幻自在のふろしきは旅行の必須アイテム。
（インスタントバッグの作り方 本書61ページ、帽子の作り方 本書104ページ）

マイ箸、マイボトル、お弁当持参のエコ生活を支える布たち。マイボトルカバーはすいか包みで。
（すいか包みの作り方 本書 64　ページ、マイ箸袋の作り方 本書 92 ページ）

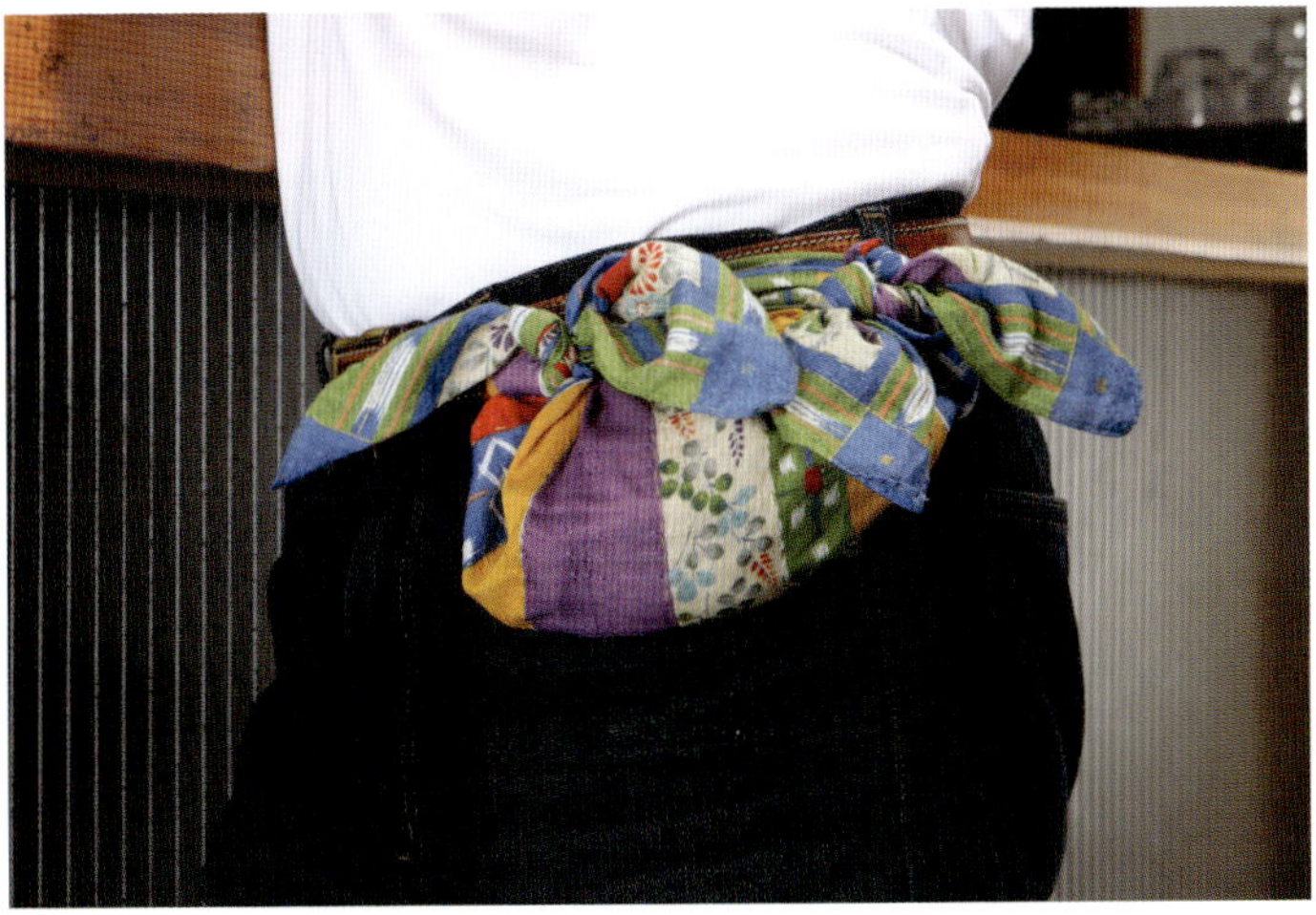

ふろしきウエストポーチ。カバンを持ち歩きたくない男性にもおすすめ。旅行のときのデジカメのように、さっと取り出したいものを入れておくと便利です。（作り方 本書 68 ページ）

ふろしきバンブーバッグは着物によく似合います。着物に合わせてふろしきをコーディネートするとおしゃれ。

（作り方 本書 67 ページ）

アンティークの丸帯の華やかさが、落ち着いた日本家屋にとけ込みます。
（名古屋市昭和区　鶴舞公園内「鶴々亭」にて）

布が生まれ変わる

アオギリの実をまねて端切れで作ったコースター。袋果の縁についている種がかわいいでしょ。（作り方 本書 82 ページ）

アンティークの短い帯をバッグにリメイク。個性的な刺繍が印象的。着物や帯をリメイクするとき、柄合わせがセンスの見せどころです。
（制作／藤本志津子）

着物をリメイクしたお勝手着で接客。動きやすくてお勝手仕事には欠かせません。（作り方 本書 97 ページ）
＊玄米菜食＆カフェ　バオバブにて／名古屋市中区大井町 3-20　山下ビル 2F
（地下鉄「東別院」駅 1 番出口から徒歩 1 分）
TEL. 052-332-8522　営業時間：11 時～ 19 時　定休日：日曜日・祝日

1
布の魅力

限られたものを工夫して使い、日本の風土と調和した日本の暮らし。そんな和ごころは、布づかいの中にも現れています。和ごころある布の魅力を紹介しましょう。

【自由自在】

1枚の布が目の前にあります。子どもだったら、マントにしてスーパーマン？　その上に乗って空飛ぶじゅうたん？

1枚の布は限りない想像力を育んでくれます。

1枚の布の端をくるりと1つ結べば、丸みを帯びて立体的に。あら、何かに使えそう…。あ単なる平たい布だからこそ、工夫と知恵という魔法で、私たちの暮らしを便利にしてくれるのです。

【包容力】

紙袋やカバンにはマチがあるため、お菓子の箱が縦にしか入らず、中身が偏ってしまうことがあります。でも、ふろしきなら、横のまま運びたいときはそのままに。どんなものも受け入れてくれる包容力があります。

ふろしき1枚持っていれば、さまざまな場面で対応できるので安心です。

【エコ】

着物が母から子へと受け継がれ、着られなくなったら座布団にしたり、端切れで小物を作ったりと、ぼろぼろになるまで繰り返し使われてきたように、布づかいの知恵には、日本人の「もったいない精神」が宿っています。

そして、麻・綿・絹など自然界から生まれた布は、ぼろぼろになるまで使い切った後、また自然界へと戻っていきます。

綿《わた》から糸を紡ぐ

【色の美しさ】

若草色、萌黄色、柳色、鶯《うぐいす》色…。外国では「green」とひとくくりにされそうですが、日本では古くから繊細な色の違いを区別する呼び名がありました。春夏秋冬それぞれの自然の中に色を見いだし、その美しさを愛で、ときには自然から染料をいただいて衣類を染めて身にまとってきたのです。色表現の豊かさは、自然の豊かさを表すとともに心の豊かさも表しているような気がします。

【思い出とともに】

おばあちゃんやお母さんが着ていた着物や帯、使い込んだふろしきや手ぬぐい。古い布には、思い出と時間が染みこんでいます。色はあせても趣は深まり、使い込めば使い込むほど柔らかくなり手に馴染んでいく…。布は単なるモノではなく、人や暮らしの中で生きているのです。

【染料の知恵】

江戸時代末期に化学染料が日本に入ってくるまでは、草木染めが主でした。藍の葉を発酵させて染める藍染めは防虫やへびよけの効果があったため、野良着として効力を発揮します。そのほかの草木染めに使われる植物にも薬効があるものがほとんど。染色には、植物の持つさまざまな力を布に移しとるという役割もあるのです。

タデ科の藍。染料としては、花穂が出る前の葉（6月～8月）を使う

【季節との調和】

最近、若者の間にも着物が静かなブームとなっています。着付けのポイントのひとつは、季節感を取り入れること。素材や色づかいはもちろんですが、少し季節を先取りし、早春には梅柄、2月は椿柄、3月には桜柄…というように季節を身にまといます。インテリアに使う布も同様に。季節や自然の移り変わりにも敏感になり、暮らしに潤いが生まれます。

ふろしき研究会「ふろしきトーク」より
（京都・法然院／2003年11月）

梅柄の着物に春蘭の帯で、早春のコーディネート。
着物も帯もおばあちゃんから譲り受けたもの

【おしゃれを演出】

お気に入りの布（衣類）をまとえば、気分まで変わってウキウキワクワク。季節に合わせて、部屋を彩る布を変えれば、気持ちもリフレッシュ。布は、暮らしと心に変化と張りを与えてくれます。

2

布をまとう

着物と洋服の違いは、ふろしきと紙袋の違いと同じだと思います。着物は体に「布をまとい」、洋服は既成のサイズに体を入れ込みます。ふろしきはモノの形に寄り添い包み込み、紙袋は既成の空間にモノを隠し込みます。着物もふろしきも主役は中身。着物を着るときは、頭を上から吊られているようなイメージで余分な力を抜き、自分の体の軸に意識を集中します。自分の体と対話ができたとき、布の方が体に巻き付いてくれるのかもしれませんね。

1 着物の知恵

知れば知るほど奥が深い着物。その仕立て方や使い方（着方）の中に、長く着続けられる「知恵」が込められています。先人の知恵を知るたびに、着物への愛着が増していきます。

●反物から着物へ

筒状に巻いてある着物生地を反物《たんもの》と呼びます。これは、1反分の長さがある布という意味です。1反＝3丈＝30尺（32ページ参照）で、メートルに直すと約12m。実際の反物は、余裕をみて、13mほどの長さのものが多く見られます。生地幅は約37cm（1尺）が標準です。

この反物から、着物がどうやって作られるのか、改めて見てみましょう。約13mの長い布が、左ページ上の図のように8つのパーツに裁断され、縫い合わされると着物になります。8つのパーツはどれもが長方形。袷《あわせ》、単衣《ひとえ》の別はあるものの、作り方は1パターンです。デザインによって型紙が違い、複雑な形に布が裁断されてから縫い合わされる洋服と並べると、その特徴が際立ちます。

一番小さいパーツは、「掛け襟」（共襟）と呼ばれる予備の襟です。これは襟が汚れやすいため、あらかじめ本襟（地襟）の上に掛けられます。汚れたときには掛け襟をはずして、きれいな襟で着られるように仕立てられます。

生地の裁断は、反物が着物へ変わる、とても重要な工程です。着る人の体つき、生地の柄ゆきを合わせ見て、どうしたら最も美しく、また、布を無駄な

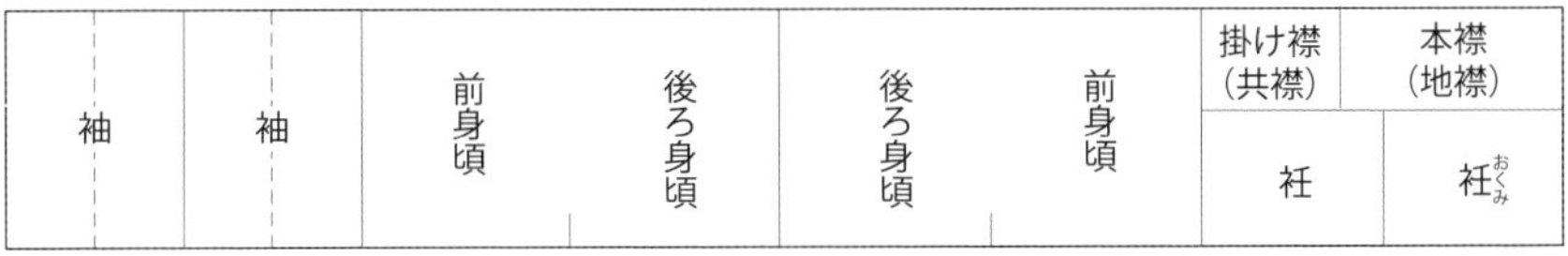
袖
袖
前身頃
後ろ身頃
後ろ身頃
前身頃
掛け襟（共襟）
本襟（地襟）
衽
衽《おくみ》
着物裁断図

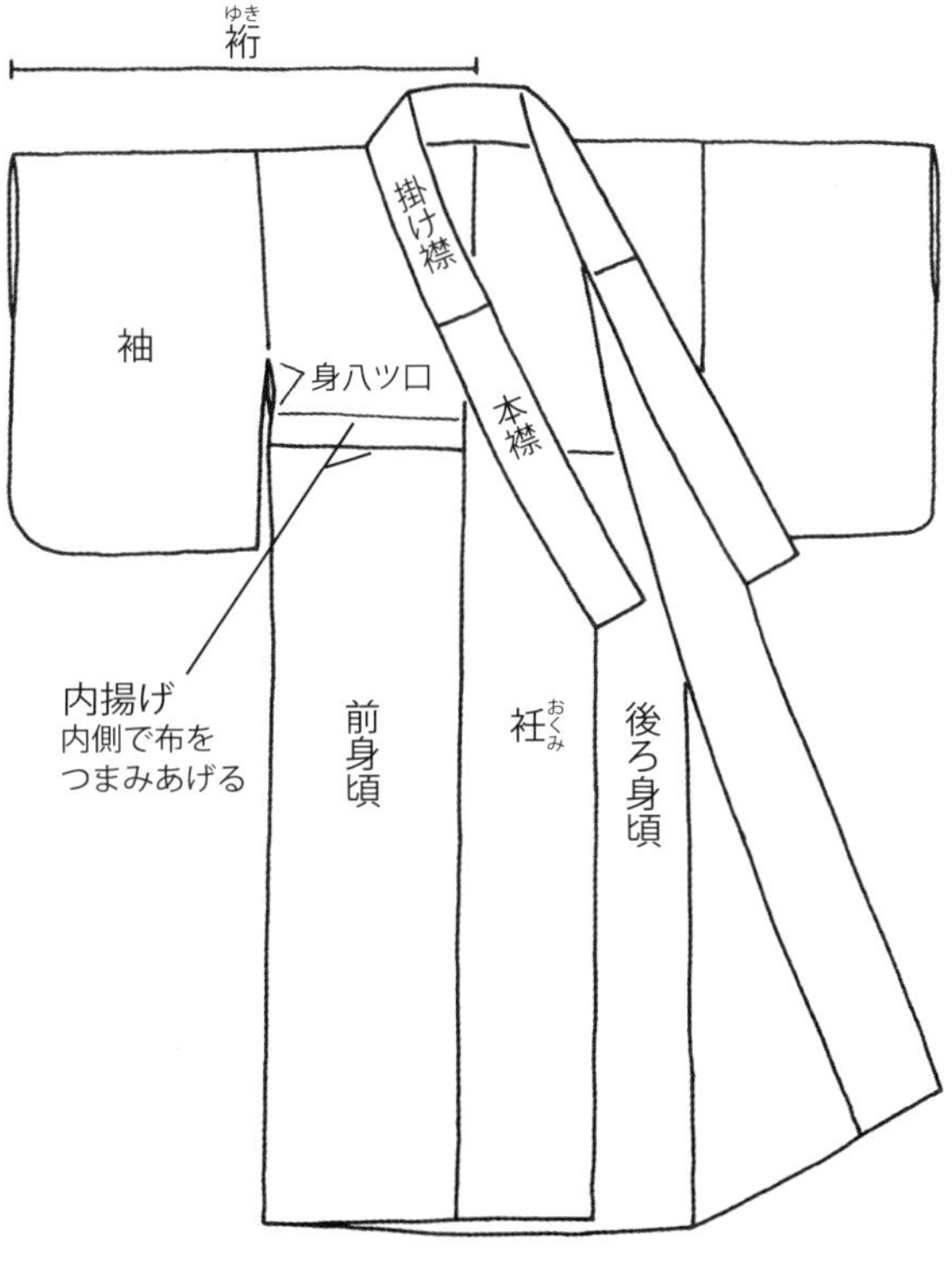
裄《ゆき》
掛け襟
袖
身八ツ口
本襟
内揚げ
内側で布をつまみあげる
前身頃
衽《おくみ》
後ろ身頃
着物図

く使い切ることができるか、考え抜いてから裁ちます。柄合わせで、着物としての善し悪しが決まるといってもいいでしょう。

生地に余裕があるときは、「内揚げ」と呼ばれる揚げを作りました。内揚げをほどけば、つまんであった生地が現れ、身丈が伸びます。裾が汚れた場合には、この内揚げをほどき、傷んだ裾部分を裁ち、仕立て直しました。また、この内揚げによって、娘や孫が着るときには、身丈を伸ばせるようにもなっています。

縫い方は、袖の丸み以外はほとんどが直線縫い。仕立てのとき、首回りや袖の丸み部分に余分な生地が出てきますが、それも決して切り取らず、折り畳んで縫い上げます。ほどけば、1本の長い布がそのままよみがえってきます。

このように仕立てられた着物は、それだけではまっすぐな形をしていますが、身にまとえば丸く体を包み、着付け方によってさまざまな表情を出すことができます。畳めばすっきりとした長方形になり、しまうときも美しいのです。

伸子を使って洗い張り

着物を洗う

着物の形のまま洗う「丸洗い」と、ほどいて布の状態に戻してから洗う「洗い張り」というやり方があります。

丸洗いは、石油系の溶剤が使われる場合が多く、着物のドライクリーニングと考えていいでしょう。最近では、オゾンクリーニングという薬剤を使わない洗い方も開発されました。空気をオゾンに変え、除菌消臭するというもので、一部のクリーニング店で取り扱っています。

洗い張りは、昔ながらの洗い方。着物をほどき、反物に戻してから水で洗います。伸子《しんし》や板などを使って薄く糊をつけ、布目を整えてから、もう一度仕立て直します。洗い張りも仕立て直しも、普段着の着物なら、昔は家庭でおこなわれていました。

仕立て直すときは、着物を長く着られるようにと、ひと工夫しました。生地で一番負担がかかるのは、膝が当たるところ。立ったり座ったりの動作が繰り返されると、膝の部分の生地がすり切れ、弱ってきてしまうのです。そのため、仕立て直しのときは、前身頃と後ろ身頃を入れ替え、衽《おくみ》の天地を入れ替え、生地の同じところに負担がかからないようにしたものでした。

やりくりさんだん

やりくりといえば、今では時間やお金のやりくりを思い浮かべますが、布が貴重だった昔は、布もやりくりして使ったものでした。

目立つところに大きな傷があるものや、身丈の足りない着物でも、すぐにあきらめないで、手間をかけて着物として使えるだけ使いました。こういうときに、おはしょり（＊1）や下前（＊2）など、一見無駄にも思える部分が大きな役割を果たします。見えるところにはきれいな布をくり回し、着てしまえば見えない部分で、接ぎを当てました。接ぎは、袖が長ければ、袖を切って使うこともあったようですし、よく似た別布を足したりもしました。やりくりの仕方は、どの部分の布が傷んでいるのか、使える布がどれくらいあるかで違い、仕立てをする人は頭を悩ませたようですが、腕の見せ所でもあったようです。

＊1…着物を身長に合わせるため、腰紐でたくしあげた部分のこと。
＊2…着物の前を合わせたとき、下（内側）になる部分のこと。

染め直し

着物に使われる染めには、絞り、ろうけつ、友禅染、型染などの多くの技法があり、写実的な柄から、抽象的なものまで、多様な柄ゆきを楽しむことができます。染料は、今ではほとんどが化学合成されたものですが、江戸時代末期に日本に化学染料が輸入される以前は、植物などを煮出して染める草木染めが主でした。草木染めは、染めた直後は鮮やかでも、洗うと色が抜けてしまったり、時間が経つと変色してしまうなどの難点があり、美しく安定性の高い色を求めて、人々は研鑽《けんさん》を重ねました。

若いころの着物で色が派手すぎるものや、シミ抜きしても落ちない汚れがある場合は、全体を染め直し、着物を生まれ変わらせることができます。大きく分けて、色を抜くやり方と、色を掛けていく、つまり濃い色に染め直していくやり方があります。糊で模様部分だけを伏せて、地色を染め変えたり、絞りを全体に掛けていったり、さまざまなやり方があるので、専門家（呉服店、染め物業者など）に相談してみましょう。

染めの始まり

昔々のこと。人は、身の回りにある植物を使い、体の手当てをしました。痛みを取ってくれる葉、疲れを和らげてくれる実、腫れを落ちつかせてくれる草。私たちの先祖は、植物にはさまざまな力があることを暮らしの中から学びとっていたのでしょう。

あるとき、ある薬草を体に当て、それを押さえるために巻いていた布に、植物の汁が染みついていることに気づきました。その布を直接、体に当ててみると、植物を体に貼ったときと同じように症状が治まったといいます。それから、植物の汁を布に染み込ませて使われるようになりました。その後、たくさんある植物の中でも、美しい色、安定性の高いものが選び取られ、現在の染めへとつながったのではないかといわれています。

今でも、クチナシの実は、染めの始まりを思い起こさせるような使われ方をしています。クチナシの実をつぶしてペースト状にし、患部に貼り付け、炎症をおさえるのに使用。実は鮮やかな黄色をしているので、患部も、ペーストをおさえるために使った布も、黄色く染まります。

赤い色が染まるアカネという染料には、血流を良くし、体全体を丈夫にするはたらきがあるといわれています。昔は女性の腰巻きをアカネで染めました。美しい色合いと薬効が尊ばれたのでしょう。その他にも、薬草の本や、言い伝えなどを調べてみると、身近な植物に意外なはたらきがあることがわかります。草木染めのもう一つの側面です。

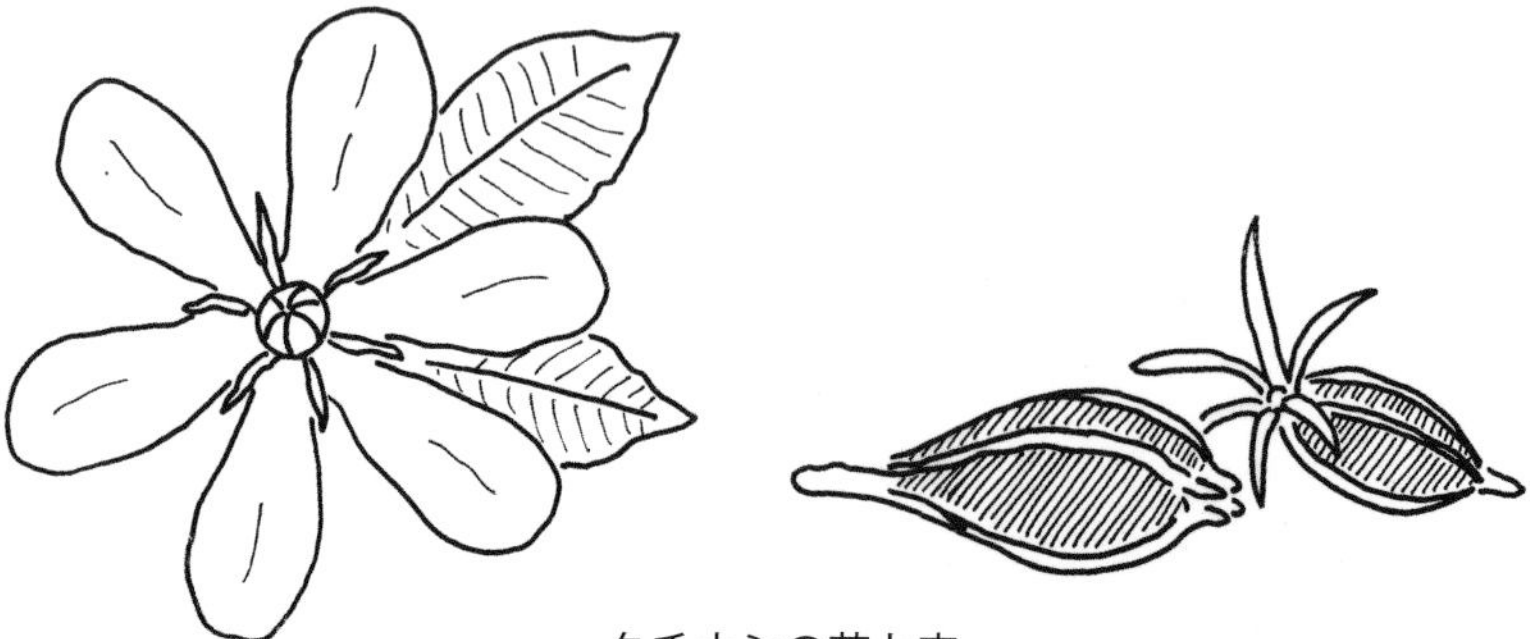

クチナシの花と実

2 リユース着物を着る

【リユース着物の上手な着方】

昔着物を売っている店などでは、驚くほど破格の値段で着物が販売されています。手軽に着物を楽しみたいなら、こうしたところで安価なものを手に入れるのが一番。ただし、サイズに注意が必要です。特に昔の人は体が小さいため、現代の人にはサイズが合わないことが多々あります。

洋服と違って、着方によってある程度、融通が利くのが着物の良さ。小さめの着物を上手に着る方法を紹介しましょう。

●着物の長さをみる

リユースの着物を選ぶときは、自分の身長（身丈）と同じ長さがあれば大丈夫。なくても10～15㎝までなら着方でなんとかおはしょりが出ます。裄《ゆき》の長さは腕を通してみて、自分が気にならない長さならよいでしょう。これも着方で多少長さを出すことができます。

●少し小さい着物を着るときは

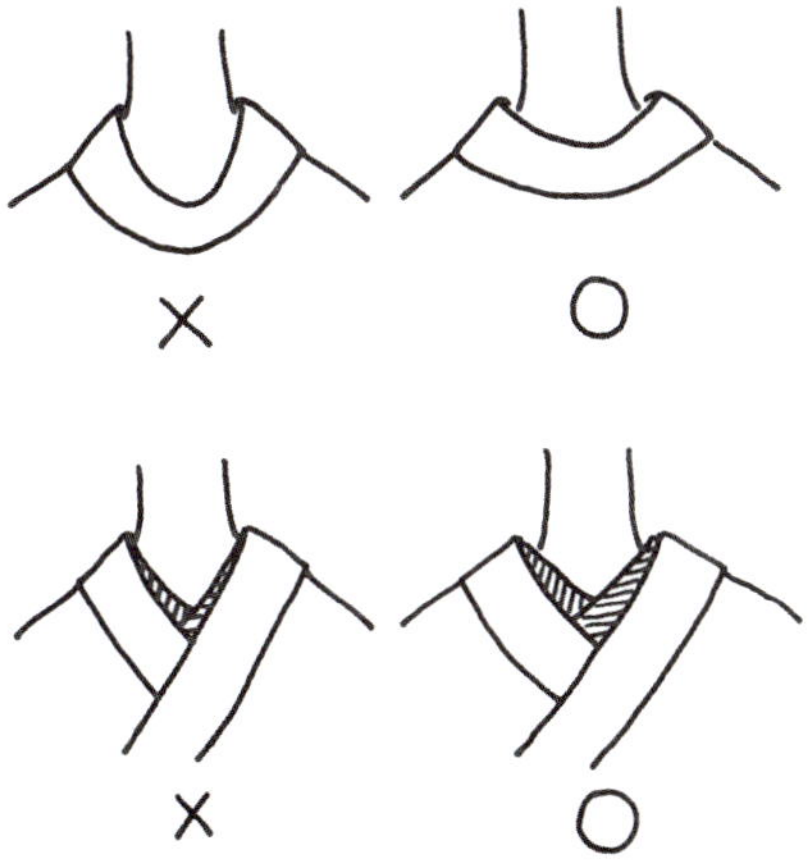

■襟を抜きすぎず、首をつめないで、肩にしっかり沿わせます。

■半襟を多く出して着ます。

こうすれば、袖が少し長くなったり、おはしょりの長さがとれるようになります。

■腰紐《ひも》を腰骨の上で締めます。
■少しのおはしょりも出ない場合は、対丈《ついたけ》（おはしょりをつくらない）で着ます。
＊おはしょりがないと帯を締めたときおなかが出て見えるので、気になる人はやめましょう。

■普段着なら、裾の位置を少し短め（くるぶしのすぐ上）に着付け、柄足袋などをはいてかわいらしく見せるのもよいでしょう。

●小さいけど、どうしても着たい

■思いっきり着物を遊んでみませんか。冬なら、こんな着方ができます。とっくりセーター、レッグウォーマー、5本指ソックス、マフラー、手袋などでアレンジしてみましょう。

■二部式着物に作り変えることもできます。和裁ができる方に相談してみましょう。

【うそつきの作り方】

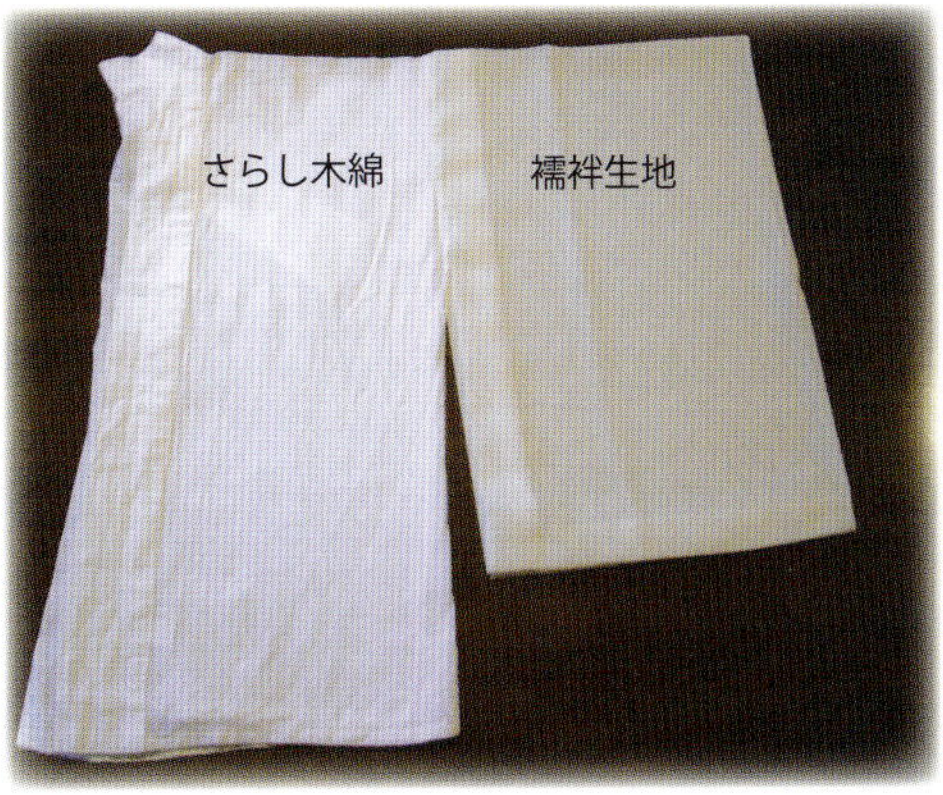

着物を着たとき、見える部分にだけ、襦袢《じゅばん》生地を使った半襦袢を「うそつき」といいます。長襦袢を着ているように見えるけど、実は着てない、というわけです。

うそつきは、身頃がさらし木綿で作られているもの、ポリエステル製の二部式襦袢など、さまざまな種類のものが市販されています。また、サイズの合わない長襦袢を切って作ることもできます。

身頃部分がさらし木綿のものは、気軽に洗えるので、特に夏にはもってこい。それに、お譲りやリユースの着物で、袖丈や裄丈が手持ちの長襦袢と合わないときにも活躍します。単衣と袷の2種類の袖の作り方さえわかっていれば、どんな着物にも対応可能。今回紹介する袖の作り方は、正式の縫い方ではありませんが、普段着ならこれで十分です。

うそつきの生地選びのポイントは、なるべく滑りのよいものを選ぶこと。着たときにもたつきません。身頃と袖の付け方はマジックテープを使う手もありますが、接ぎ布のほうがごわつかないので、そちらを紹介します。

●袖の寸法を決める

着物の袖の長さを測りましょう。襦袢の袖は、着物の袖よりちょっと小さめに作ると、重ねて着たときに内にすっきり収まります。袖丈、袖幅ともに、着物より8㎜（2分）小さめに作ることを目安にしてください。

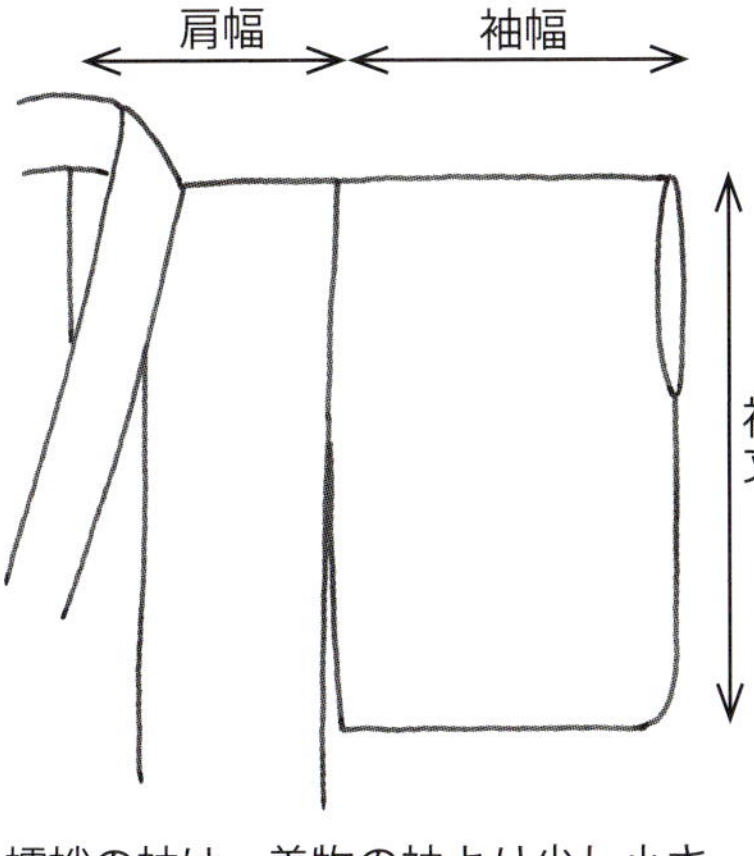

襦袢の袖は、着物の袖より少し小さめ（袖幅、袖丈とも約8㎜＝2分小さめ）

●布を用意する

■単衣の場合は、(袖の長さ＋約4cm)×2の長さの布を2枚。

■袷の場合は、(袖の長さ＋2cm以上)×2の長さの布を4枚。今回紹介する袷の袖は、袖下で長さをスライド調節できますので、袖幅さえ同じなら、一番長い袖丈で作ればいいでしょう。

●単衣の袖の縫い方

①袖下を袋縫いにします。布を外表に肩山で二つ折りし、下から1cmくらいのところをなみ縫いします。ひっくり返して中表に。袖丈が寸法通りに仕上がるように、下から3cmのところをなみ縫いします。袋縫いのできあがり。

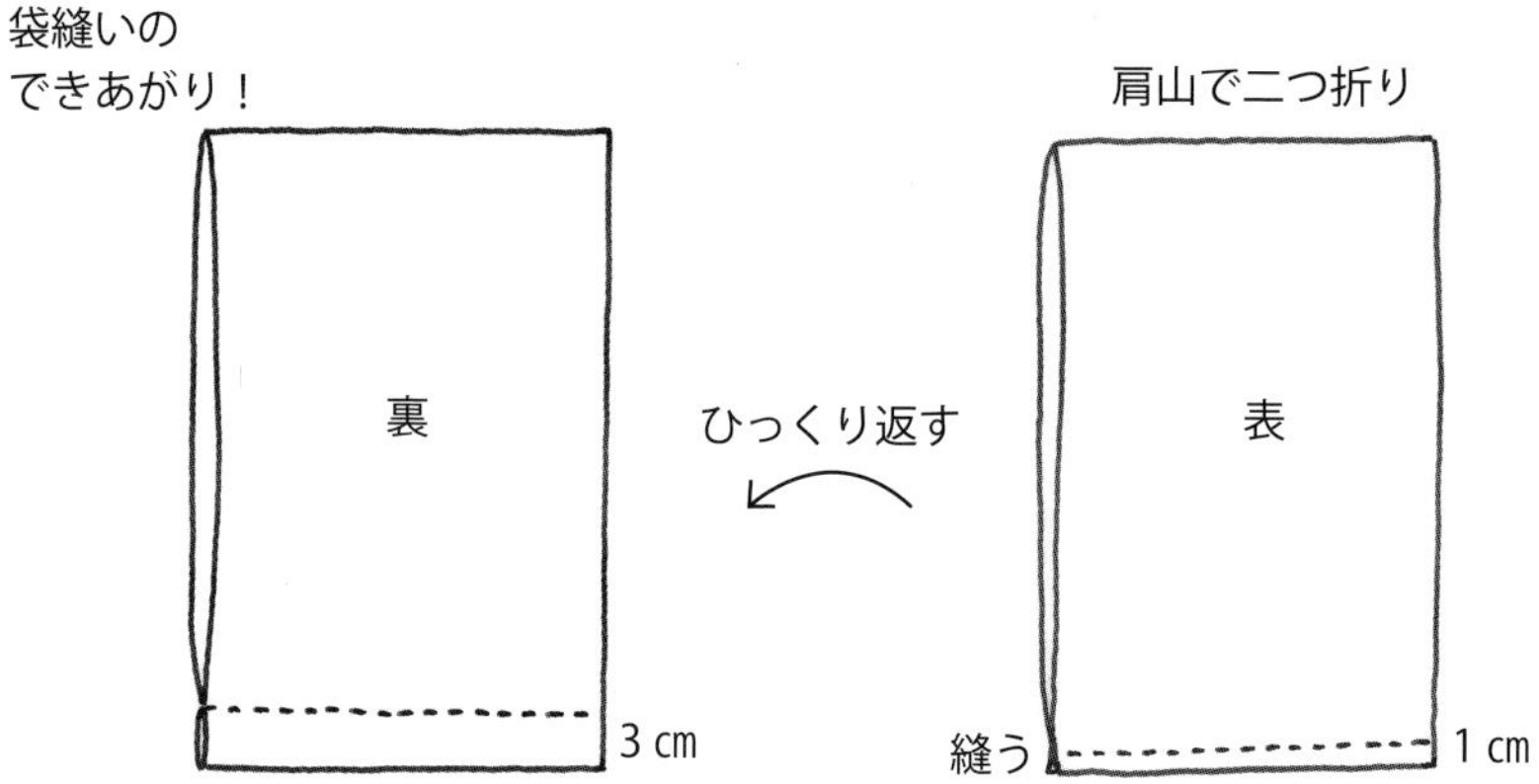
袋縫いの
できあがり！
裏
3cm
ひっくり返す
肩山で二つ折り
表
縫う
1cm

②袖口は、布の耳がきれいで、そのまま使えそうなら、以下はとばして③へ。耳が弱いようなら、5mm幅で三つ折りぐけをします。くける場合は、ここで左右の袖が決まるので注意！　袖下の縫い代は前袖側に倒します。縫い代が倒れている方が前袖になるので、左右に気をつけて縫いましょう。

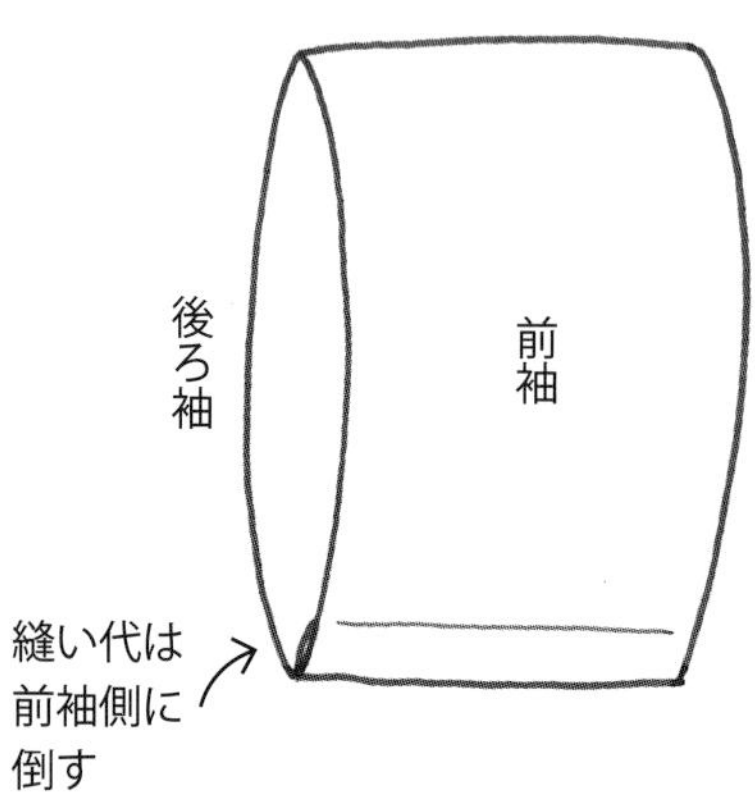
後ろ袖
前袖
縫い代は
前袖側に
倒す

③袖付け側を、できあがり幅になるように折って、三つ折りぐけをします。
②をとばした場合は、ここで左右の袖が決まります。袖下の縫い代を前袖側に倒してくけましょう。

●袷の袖の縫い方

①２枚の布を中表に重ねて置きます。袖口側は耳から約８㎜（２分）のところをなみ縫いします。袖幅の寸法に仕上がるように、袖付け側をなみ縫いします。

②縫った袖を外表にひっくり返します。前袖の端を約２㎝内側に折り入れます。その中に後ろ袖を入れ込めば、袖の形になります。袖丈を作りたい寸法に合わせ、袖下をなみ縫いします。これで、袷の袖のできあがり。

＊袷の袖も、単衣の場合と同じように、袖下の縫い代が前袖側にあることを確認しましょう。袖丈を短くしたいときは、袖下の縫い目をほどき、後ろ袖を前袖の中にたくさん入れ込めば、長さをスライド調節することができます。

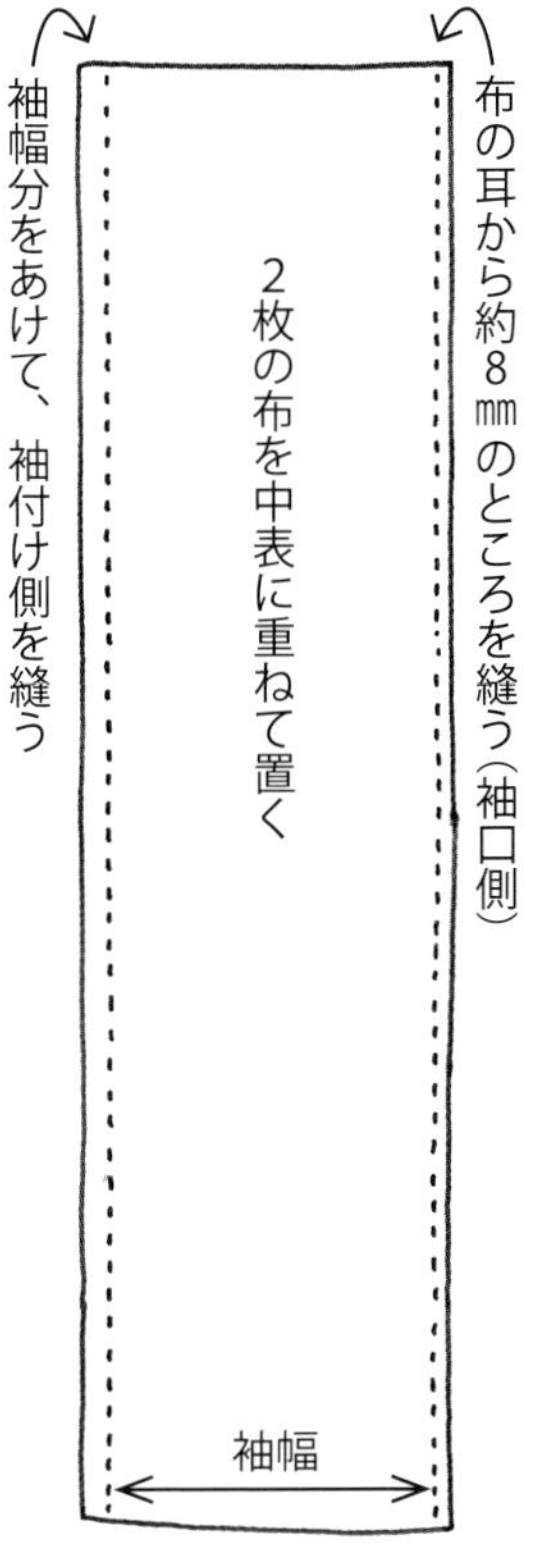
布の耳から約８㎜のところを縫う（袖口側）
２枚の布を中表に重ねて置く
袖幅分をあけて、袖付け側を縫う
袖幅

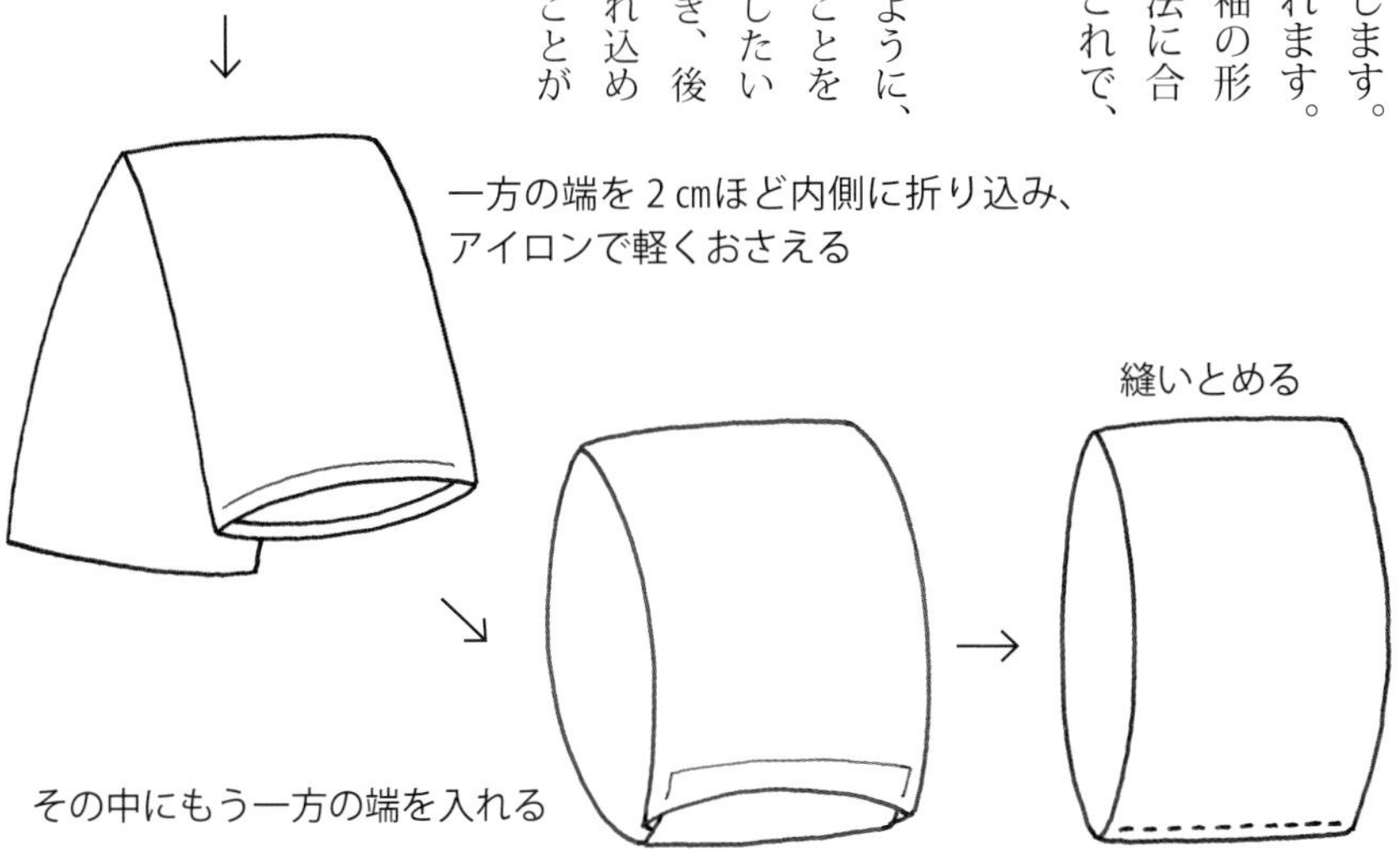
一方の端を２㎝ほど内側に折り込み、アイロンで軽くおさえる
その中にもう一方の端を入れる
縫いとめる

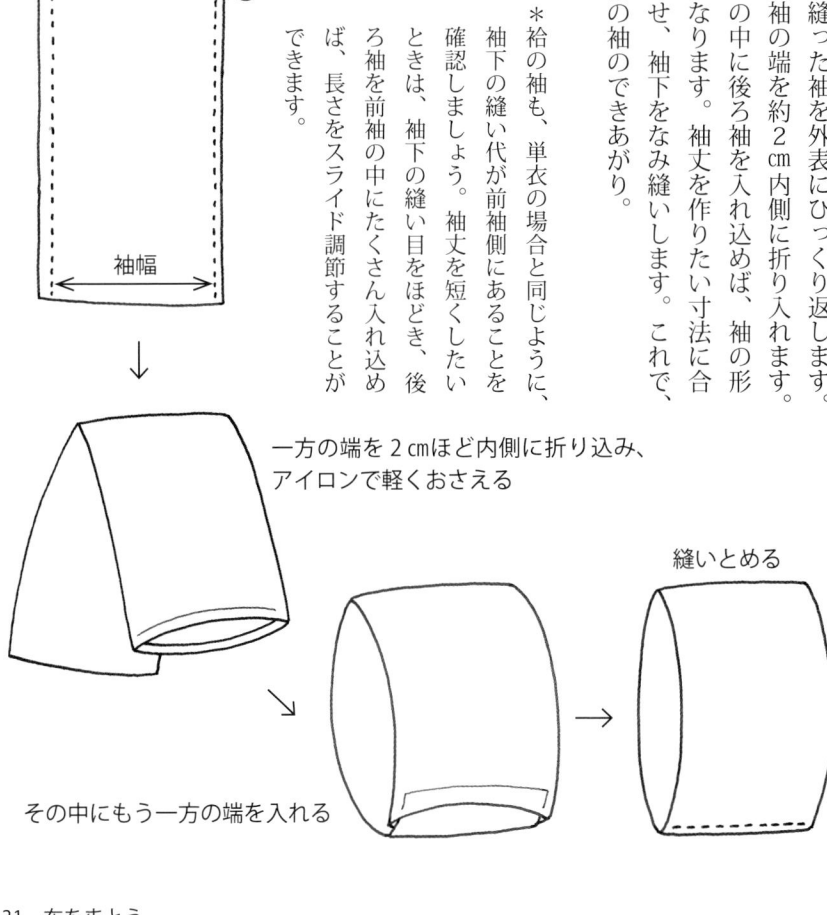

●接ぎ布（単衣・袷共通）

接ぎ布は袖側に付けます。素材は、かさばらない生地ならなんでも大丈夫。長さは、着物を着たとき見えないように、着物の袖付けより、2cmほど短くしましょう。襦袢の身頃の肩幅は、着物の肩幅と同じ寸法にします。

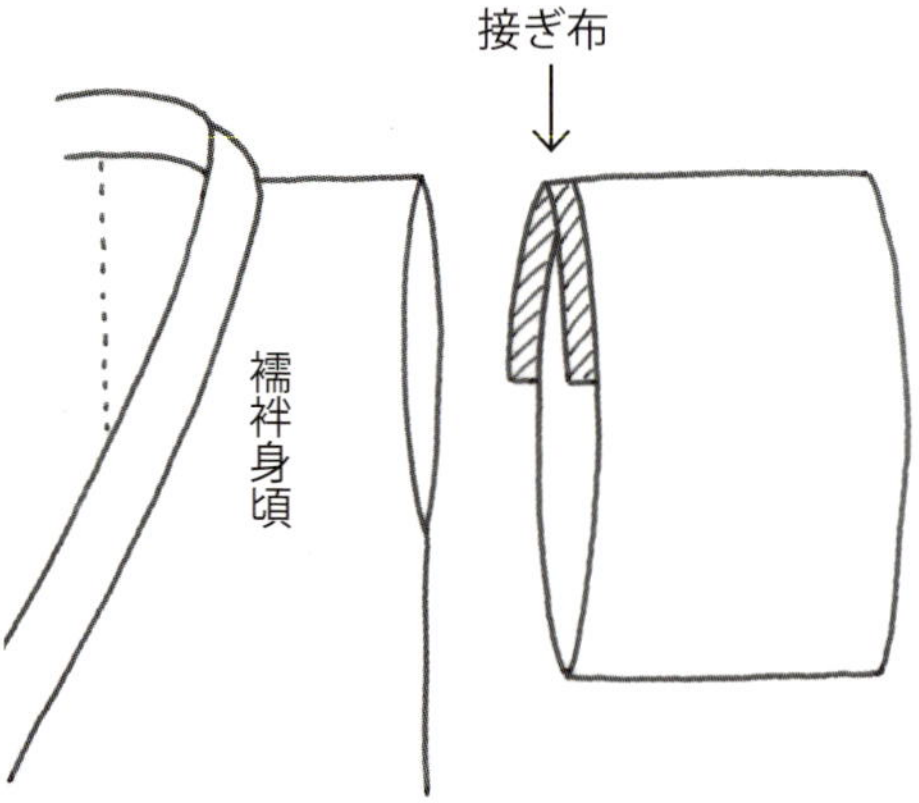

●尺貫法●

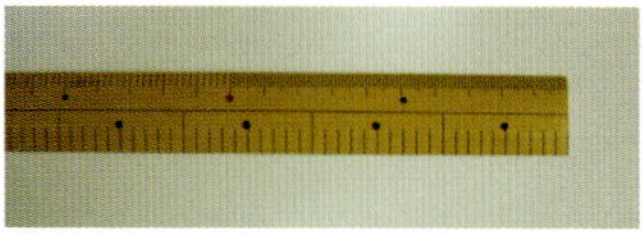
鯨尺（cmと寸の目盛がついている）

○尺○寸○分、昭和30年代頃まで、着物の寸法はこんなふうに表わされていました。尺貫法といわれるこの度量衡は、長さは尺、重さは貫など、日本古来の測量単位でした。尺には2種類あり、和裁で使われるのは鯨尺《くじらじゃく》で，鯨のひげでものさしが作られていました。建築などでは、曲尺《かねじゃく》が使われ、鯨尺と曲尺では、1尺の長さが異なりました。鯨尺1尺＝約37.9cm、曲尺1尺＝約30.3cm。

昔ながらの尺と、現在使われているメートルとの大きな違いは、尺は、人間の身体が基になっており、1尺は肘《ひじ》から手首までの長さだといわれています。メートルは、世界共通の単位を創設しようとフランスで制定されたもので、北極点から赤道までの経線の長さを1000万分の1にし、1mと決められました。

歴史的に見ると、1959年（昭和34年）、それまではメートルと併用されていた尺貫法の使用が廃止されました。ただ、使い慣れたものを変えるということに多くの人が抵抗感を持ち、当時は混乱もあったようです。その後、年を経て、姿を消したかのように見える尺貫法ですが、改めて見てみると今でも多くの分野で使われています。容積を測る升《しょう》や合（一升瓶、3合炊き）、建物関係では坪、間などが通用しますし、焼き物、花火などの大きさを測る場合にも尺、寸が使われています。着物の世界では、メートルが使われることが増えてきていますが、染めや仕立ての職人の間ではまだまだ尺も現役です。

【コラム】おばあちゃんの布がたり②

まめに着やぶらせちょくんせえ

反物にはさみを入れるときは緊張したものです。念には念を入れ、何度も寸法を確認してから裁つのですが、それでも思い違いをして間違ってしまうことがあるのです。裁ち台の前に座ったら、まず「間違いなく裁たせてください」とおじぎをしてから最初のはさみを入れる人もいました。縫うときは祝福の気持ちを込めて縫ったそうです。

「袂《たもと》を分かつ」という言葉があります。別れを意味する言葉です。袖を縫うときは決して袂を分かたないように、一日のうちに両袖を縫いました。どうしても縫えないときは、ひと針だけでもその日のうちに縫っておいたものです。袖付けも同じで、一日のうちに両袖を付けるよう気を配りました。できないときは、待ち針で仮留めをして、両袖が付いているように見せかけたものです。片袖のまま置いておくと、そこからお化けが入るといわれました。

新しい着物をおろすときも、約束事がありました。ある地方では、袖を通す前に、大黒柱のところへ着物を持っていき、着物を大黒柱に着せるように添わせて、「まめに着やぶらせちょくんせえ」と言いました。まめによく動くことができ、この着物を着破るまで着られますようにと祈ったのです。自分自身が健康であるように願うとともにこの着物の命も全うできますようにと慈しんでいたのだと思います。

3

もっと気楽に着物ライフ

着物を着るとき、「こうでなきゃいけない」という固定観念にとらわれていませんか？　そう思うと、「面倒くさい。着たくない」となってしまいます。普段着物はもっと気軽に楽しく着たいもの。そのヒントを紹介します。

【半幅帯を結ぶ】

着物は着たいけれど帯が結べない。そんな人が多いと思います。でも、ウールや紬、小紋などの普段着の着物であれば、名古屋帯や袋帯でなくても半幅帯で十分。これなら簡単に結べます。

＊関西と関東では、もともと帯の巻き方が逆方向。ここでは、関西方式で紹介しますが、自分のやりやすい方を選んでください。

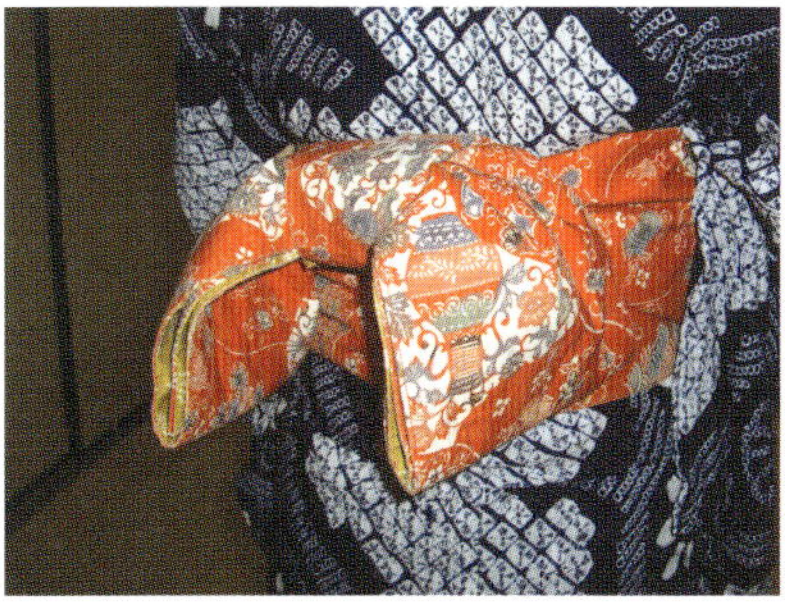

リボンの先を下にたらすと
「文庫」になる

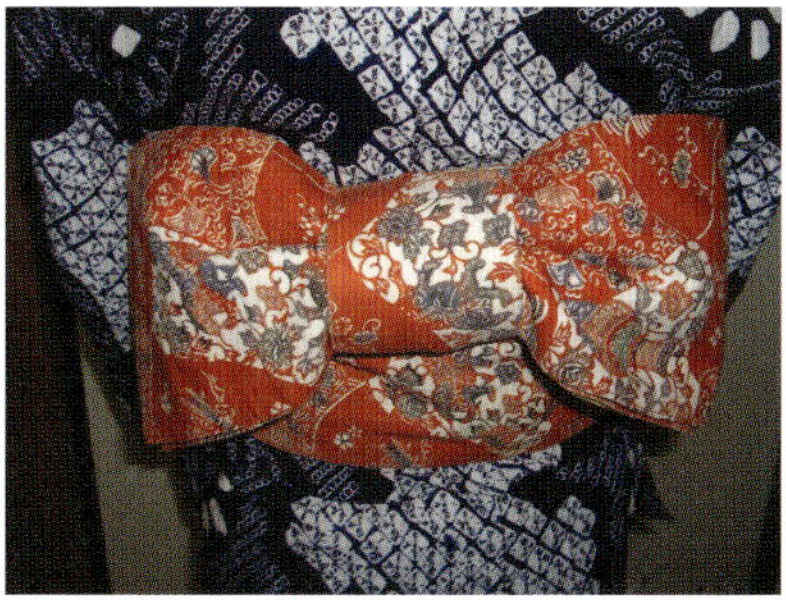

リボン

【リボン】（基本形）

①

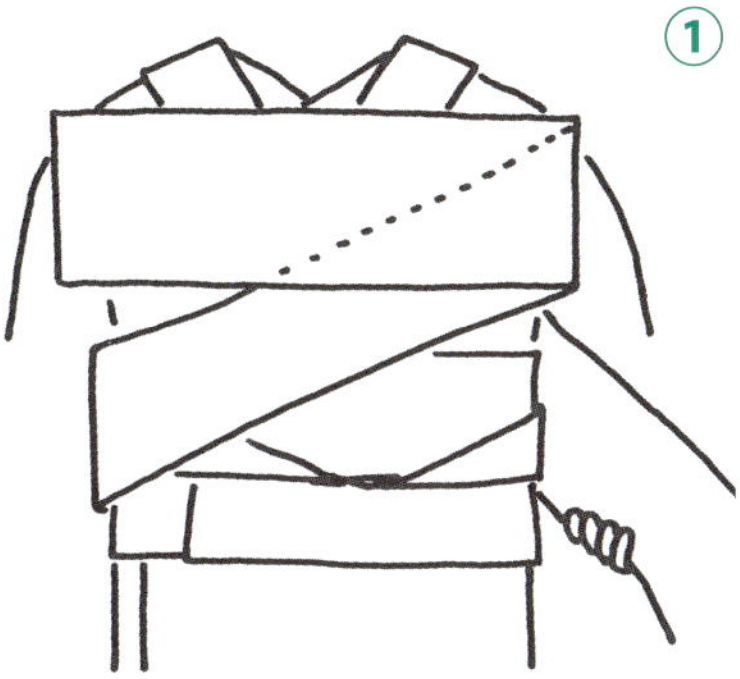

体の前で結びます。まずは、手先
を肩幅往復の長さだけとります

②

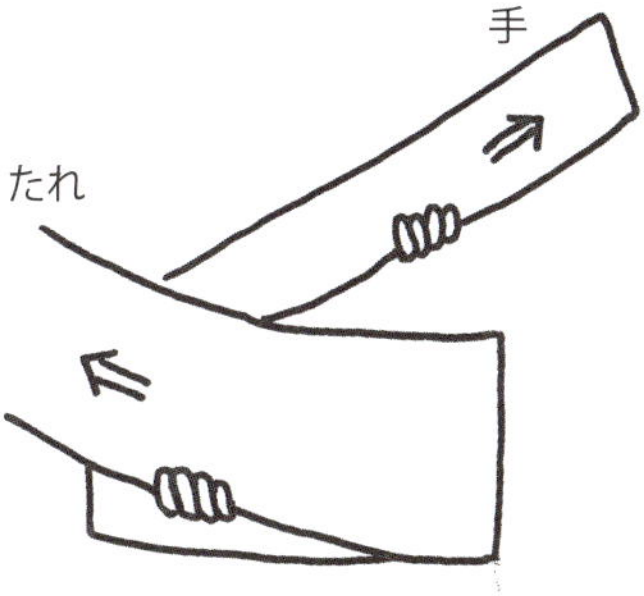
手
たれ

たれをふた巻きし、手とたれを
持って１度締めます

③

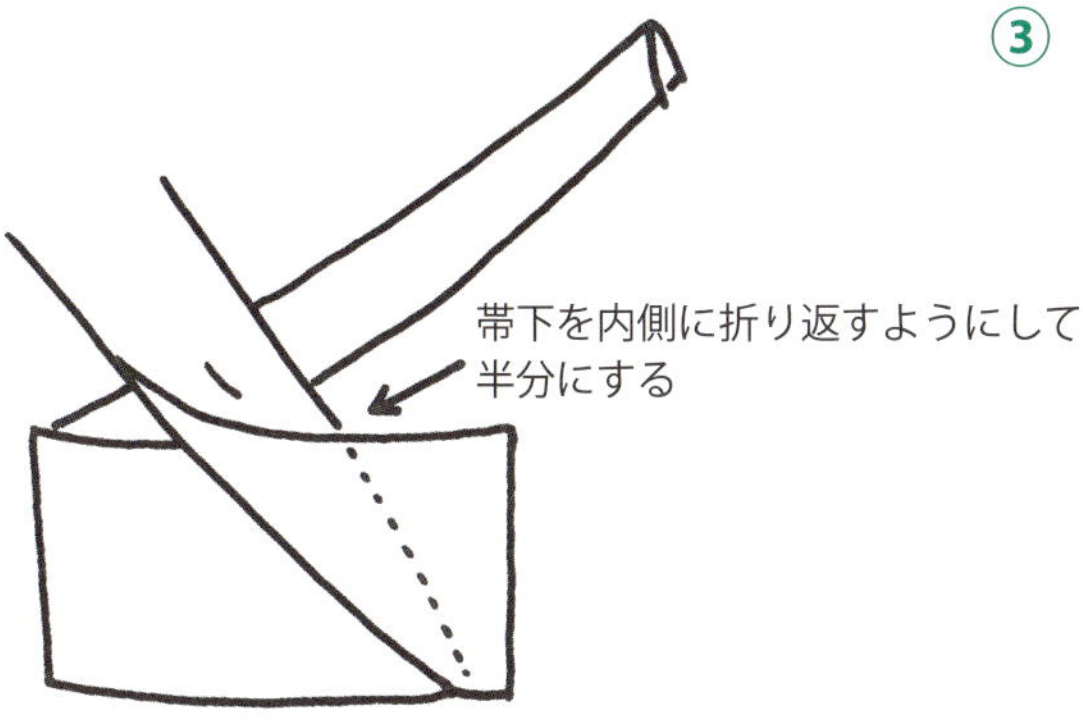
帯下を内側に折り返すようにして
半分にする

腰脇の位置まで、手先の幅を半分に折り、
たれの幅も半分に折ります

④

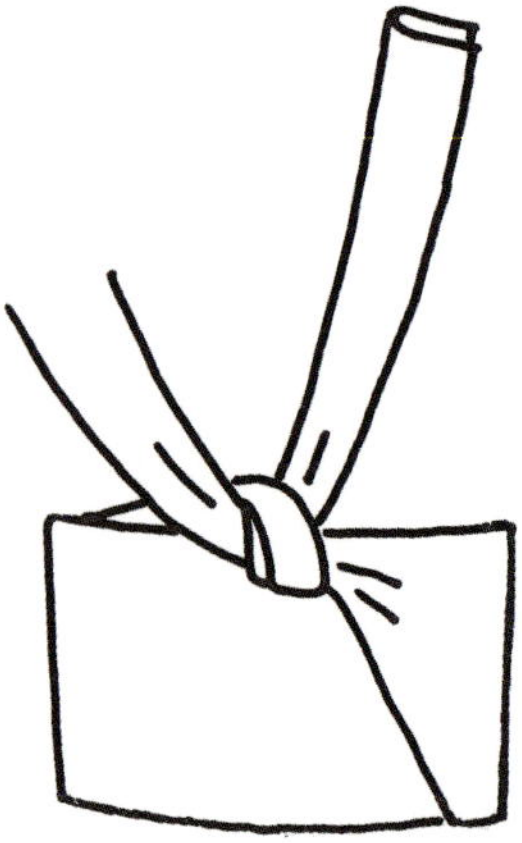

締める前に手元を
１度ひねると、帯
がしっかり締ま
り、ゆるみにくい

手先上から１回締めます

⑤

手先をもう１重締めます。
このとき、きれいに半分に
してから締めましょう

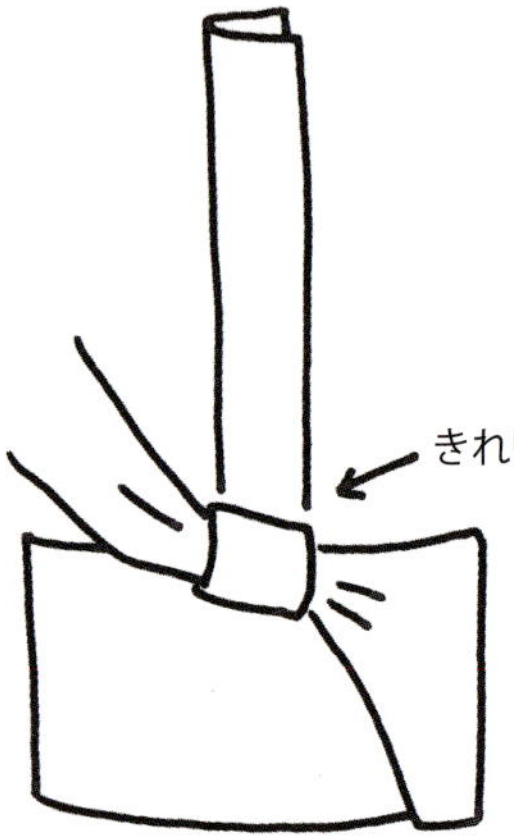

きれいになります

⑥

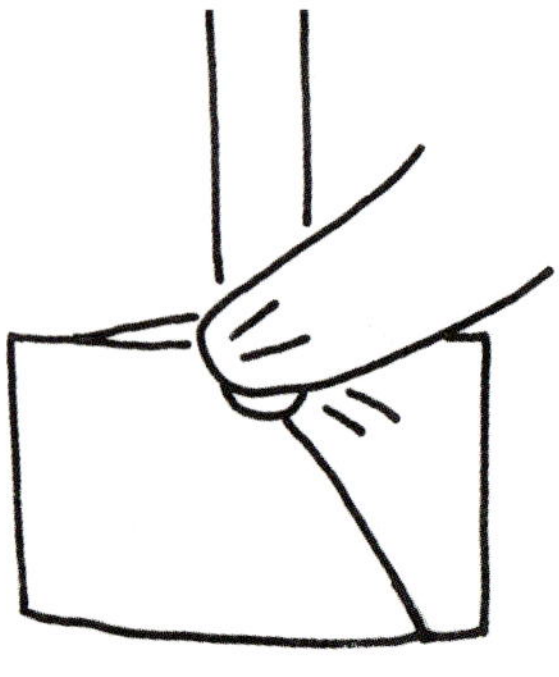

たれ元を反対側に倒します（帯が抜け
てこないように）

⑦

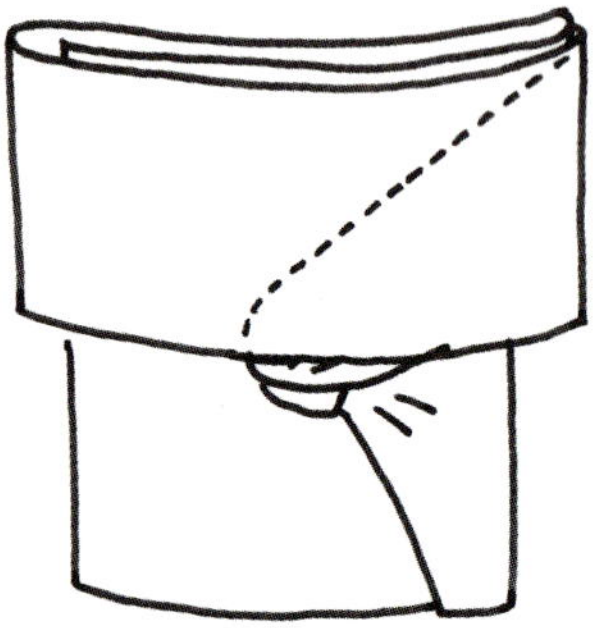

たれ元からリボンの大きさを決めま
す。余った帯はくるくると中に巻いて
おきます

⑧

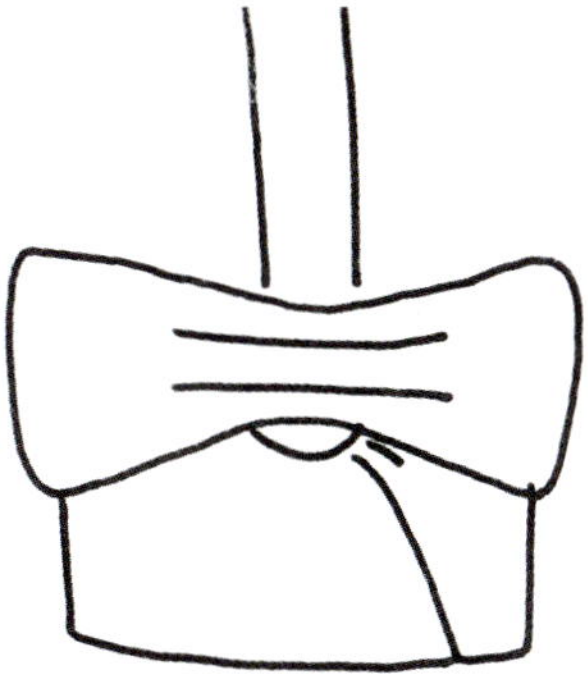

中心を1つ半の山か2つ山に折ります

⑨

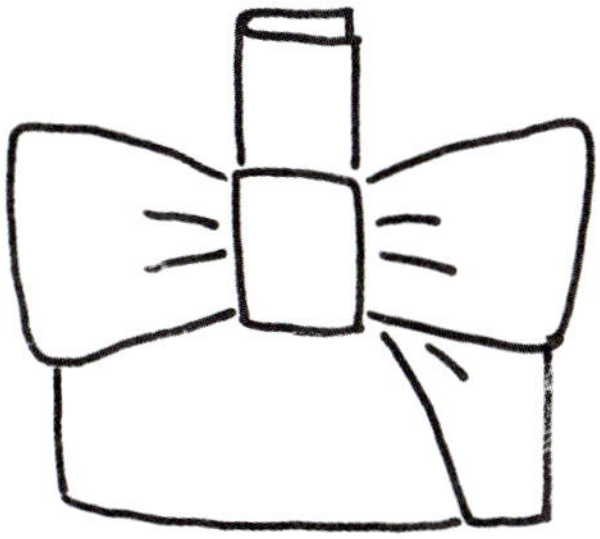

手先を巻きます。2回は巻けるでしょう

⑩

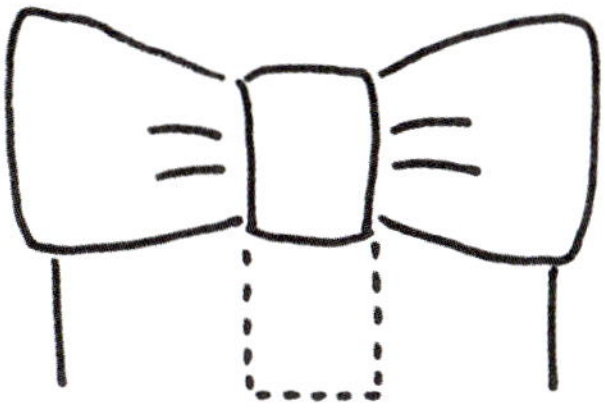

最後に余った手先は帯の内側に入れ、下から引っ張るとリボンが上にあがり、きれいになります

⑪

リボンの形を整えます。リボンを縦に開き、帯にくっつけるように整えると普通のリボン。リボンを横に開き、リボンの先を下にたらすと文庫のようになります。形を整えたら、帯の上と下を持ってくるりとリボンを背中に回します。このとき、おなかをひっこめて回すのがコツ。これで、できあがり！

＊小紋のときは

帯板を入れた方が張りがあってかっこいい！　帯板を縦にし、1重目と2重目の帯の間に上から入れ、中央まで差したら横に倒します。帯幅から板が見えないように整えましょう。このときの帯板は小さめのものを。

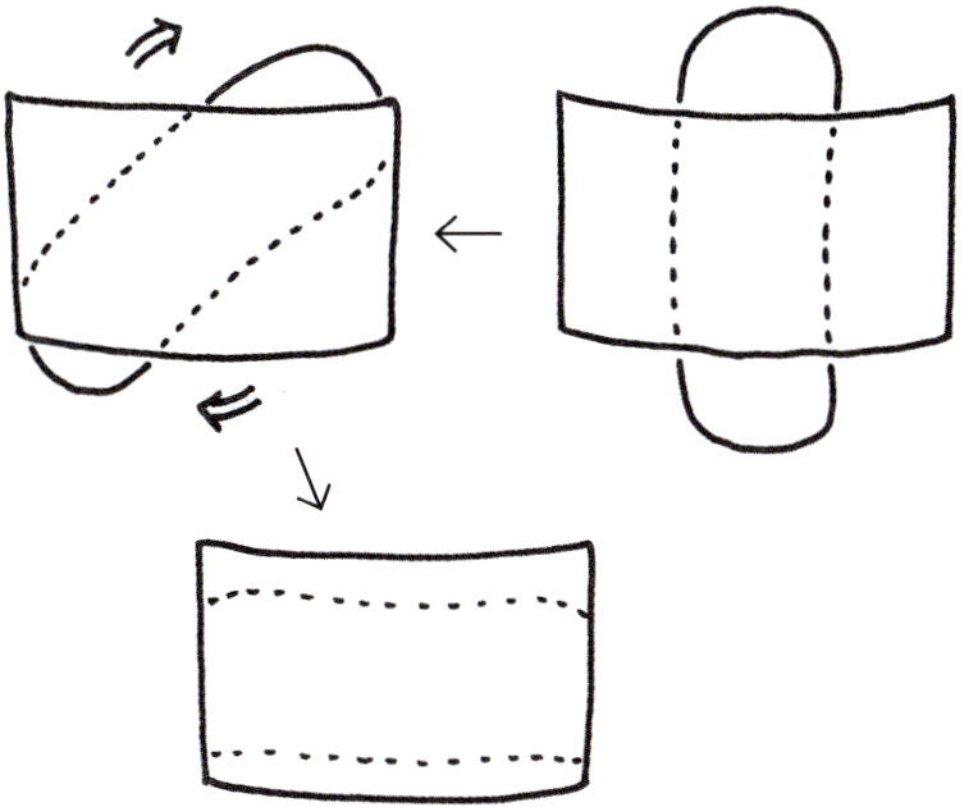

【片流しリボン】

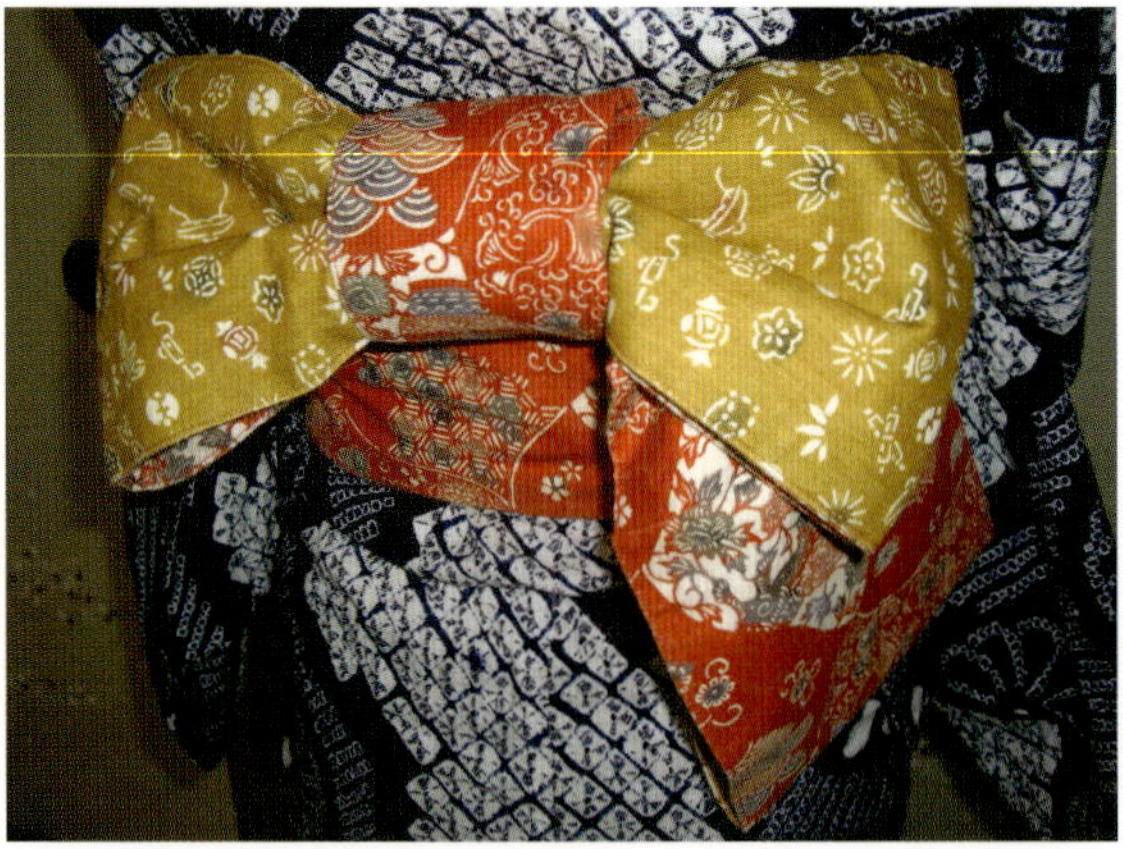

①〜⑥までは【リボン】と同じ

⑦

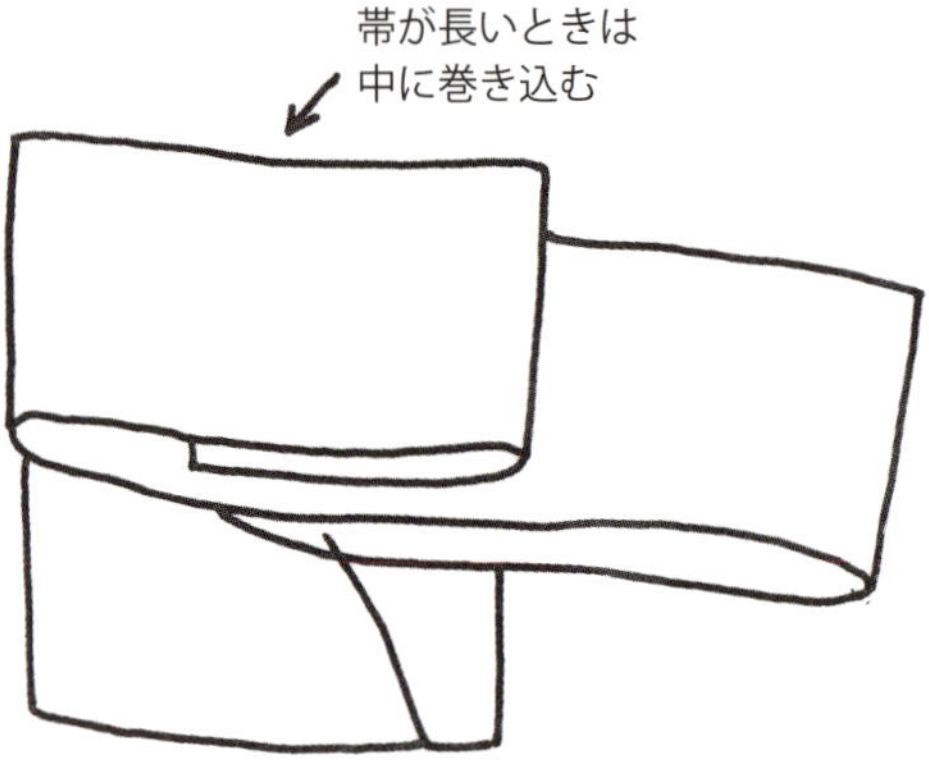
帯が長いときは
中に巻き込む

図のように畳みます。
余った帯は【リボン】のときのように中に巻き込みます

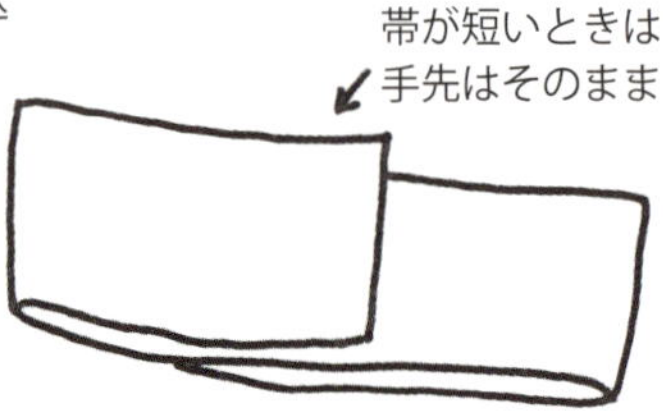
帯が短いときは
手先はそのまま

⑧以降は【リボン】と同様に。背に沿わせるか、下にたらすかはお好みで。
片流し部分は下へたらします

【四枚蝶】

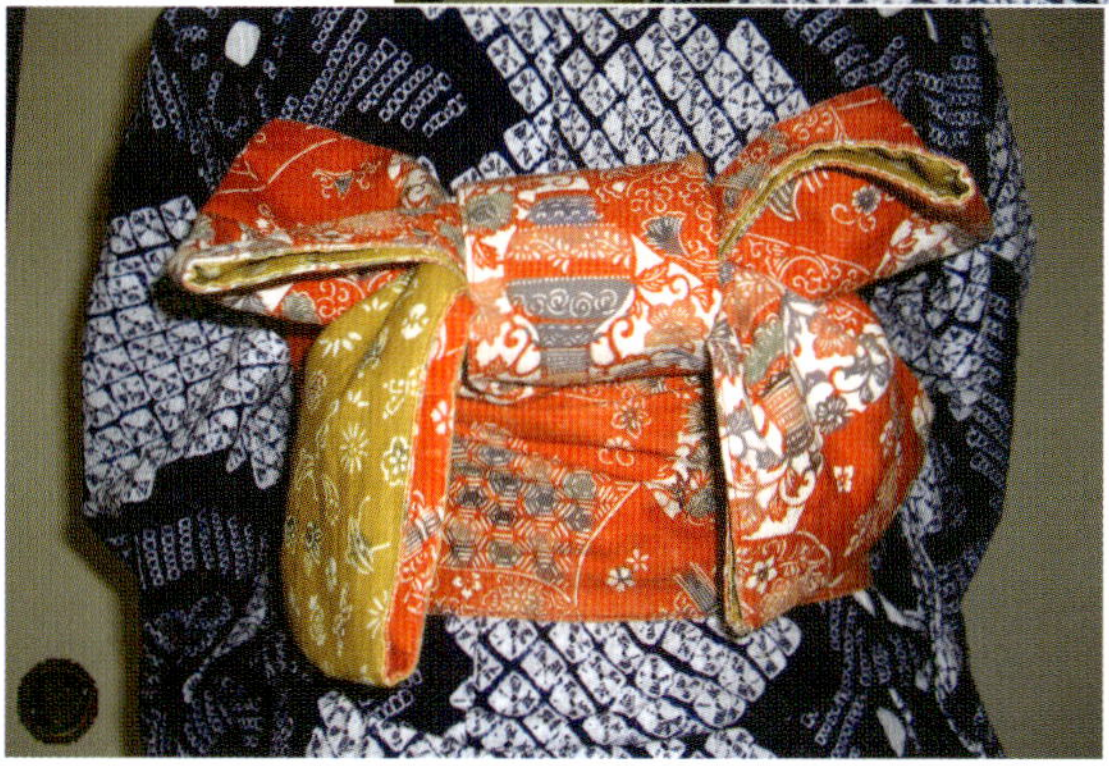

下羽は文庫のように下へ。
上羽は角を上げてもおもしろい

①〜⑥までは【リボン】と同じ

⑦

帯が長いときは
中に巻き込む

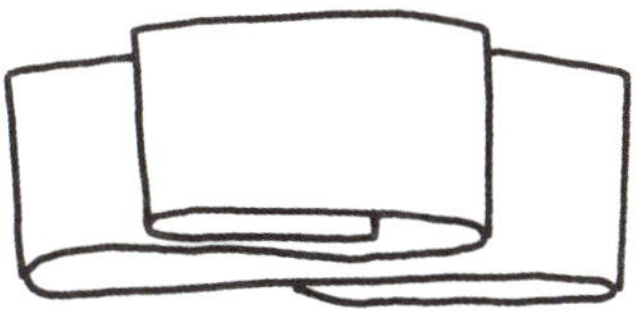

図のように畳みます。
余った帯は【リボン】のときのように中に巻き込みます

帯が短いときは
手先はそのまま

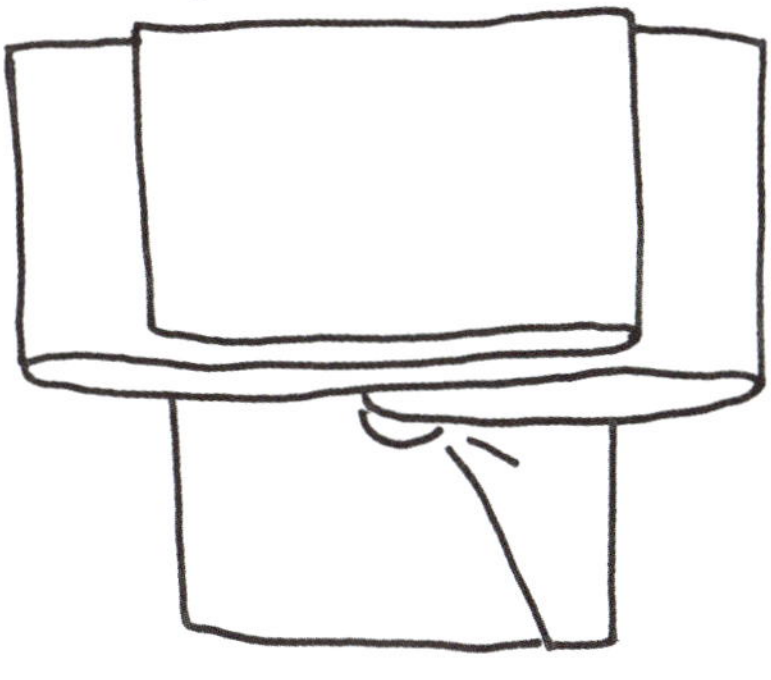

⑧以降は【リボン】と同様に。上の羽の角を上に、下の羽は下に下げ、帯に沿うように整えます。蝶に見えませんか？

【貝の口】

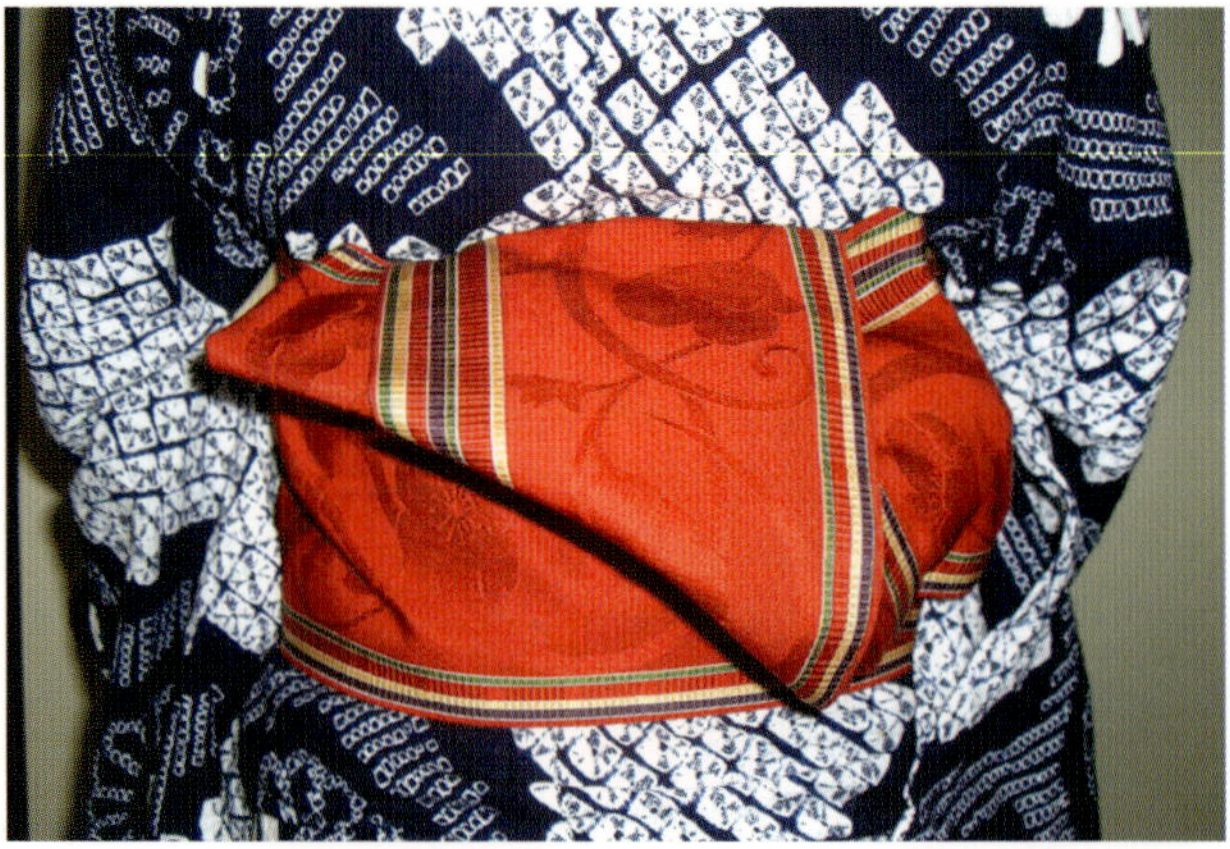

①②は【リボン】と同様

③

たれの長さを測ります。図のように中央で折り、あご下までの長さを測ります

④

手は半分に折り
輪が下

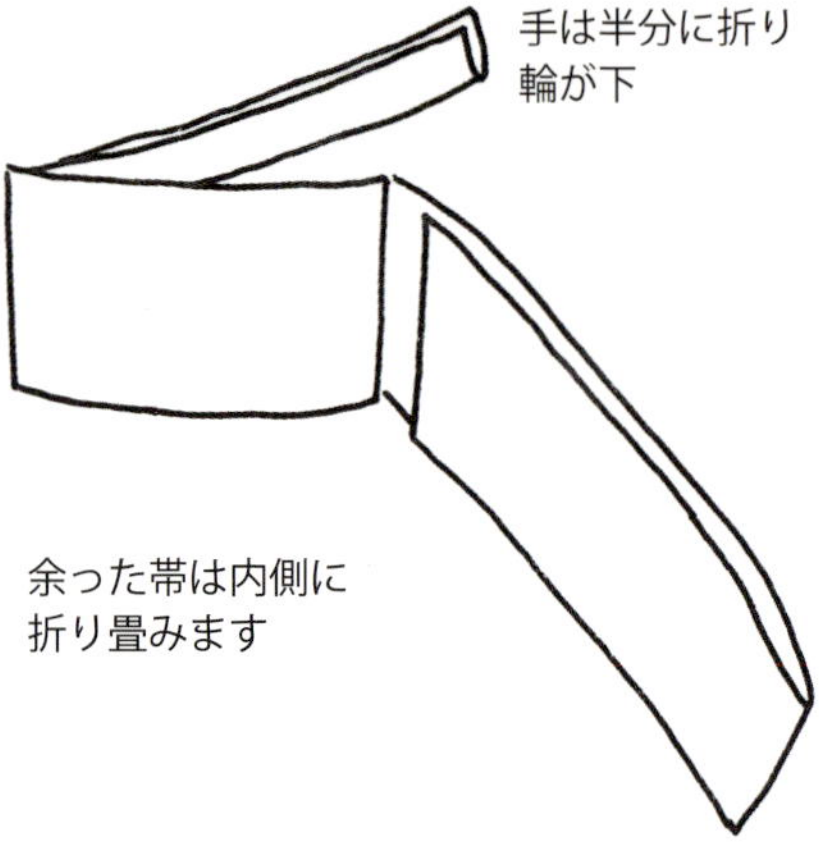

余った帯は内側に
折り畳みます

⑤

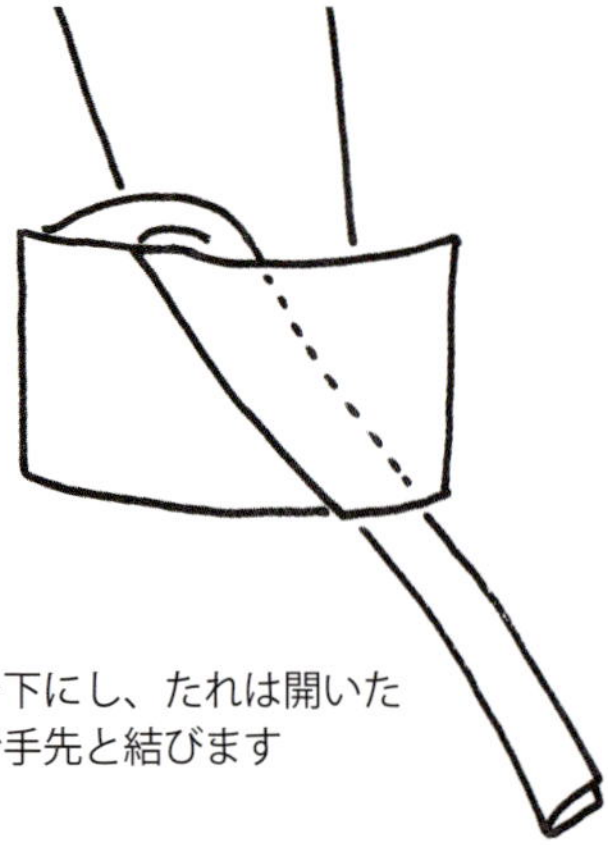

手先を下にし、たれは開いたままで手先と結びます

⑥

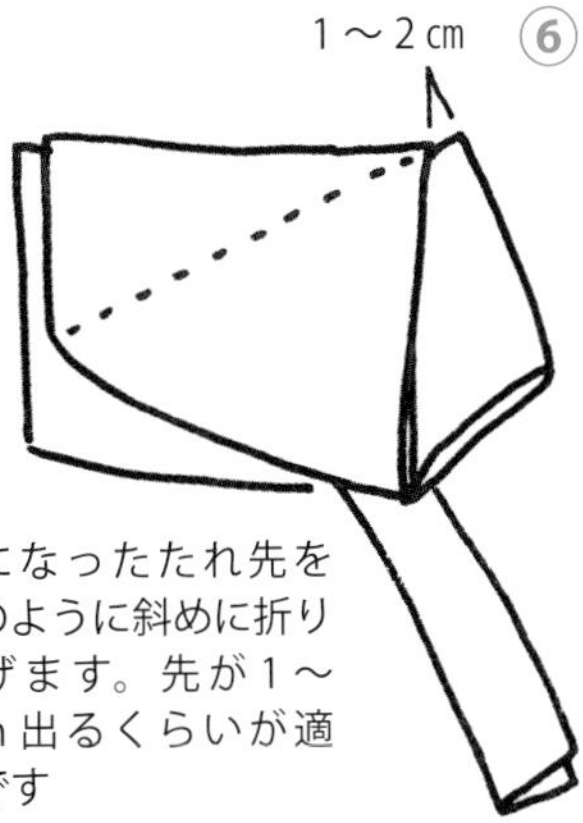

輪になったたれ先を
図のように斜めに折り
上げます。先が 1 ～
2cm 出るくらいが適
当です

⑦

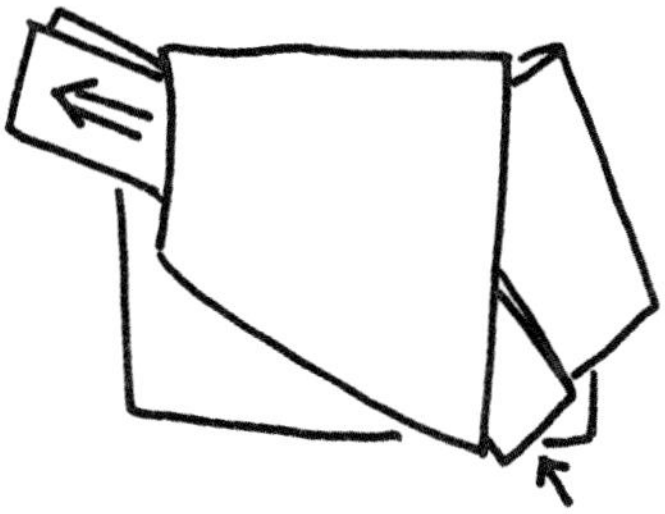

しっかり
とまるまで締める

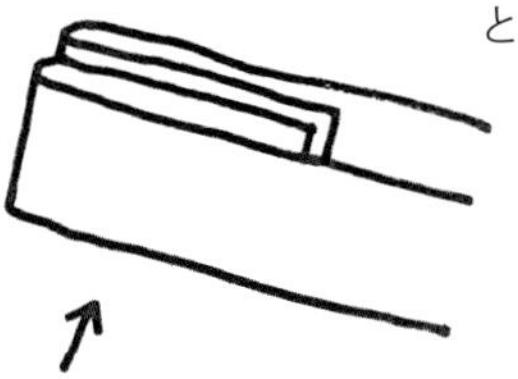

手先が長すぎたら、内側に
折る

＊リボン結びのように凸がないので、いすに
もたれたりするときに楽です。この帯結び
は角帯で男性にもできます。

●貝の口に帯締め●

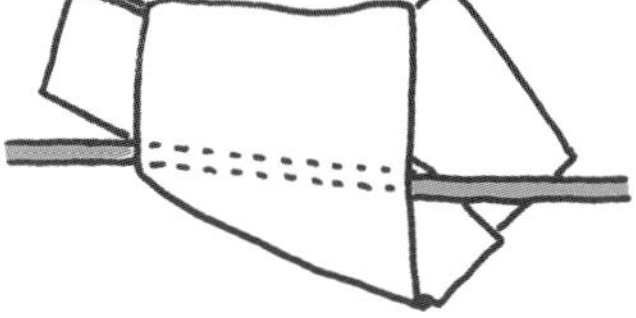

半幅帯に帯締めをすると
アクセントになります

【かんたん！　作り帯を作ろう】

昔着物のお店で買ったり、おばあちゃんにもらった帯。かわいいのに短くて締められない、ということはありませんか？　そんなときは作り帯にするとよいでしょう。帯を切るのはもったいないような気がしますが、こうすれば短くても締められるし、何より誰でも簡単に帯をつけることができます。

【作り方】

①

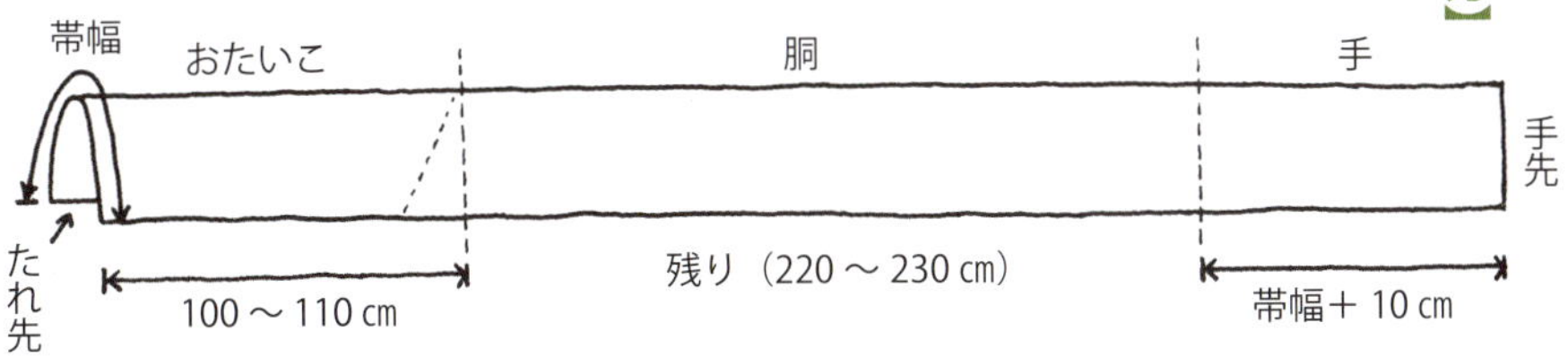

帯幅
おたいこ
胴
手
手先
たれ先
100 ～ 110 ㎝
残り（220 ～ 230 ㎝）
帯幅＋ 10 ㎝

まず帯を 3 つのパーツに裁ちます
・たれ先から 100cm（おたいこ）
＊背が高い人はおたいこも大きめがいいので 110cm。
・手先から帯幅＋ 10cm（手）
・残り（220 ～ 230cm）は胴に巻く部分になります（胴）
＊胴を 2 回りするだけの長さはとりたいので、足りないときは足し布をします。

②

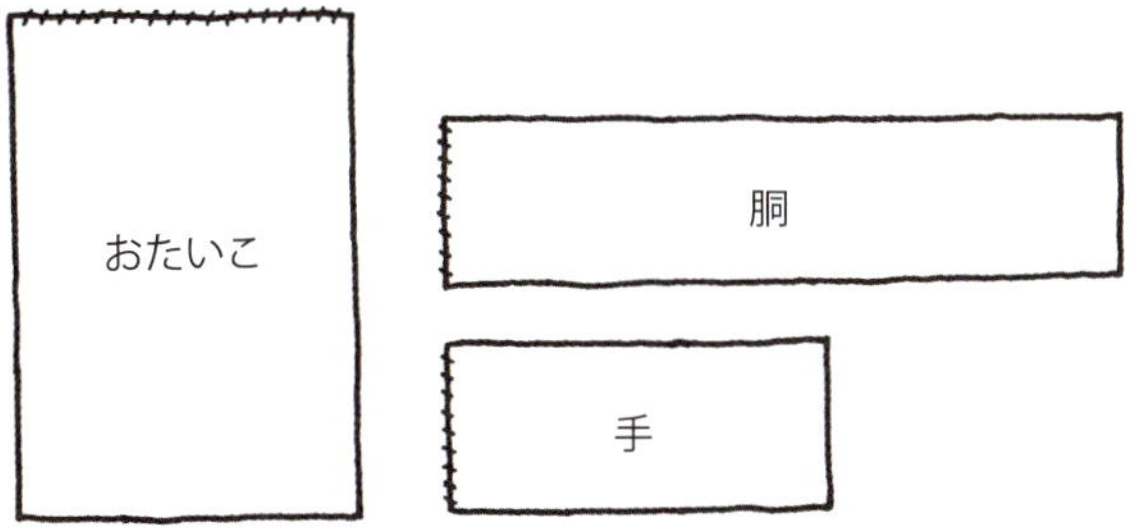

おたいこ
胴
手

それぞれのパーツの切り口をとじます
＊縫い口は着付けたとき見えませんので、どんな縫い方でもかまいません。
きれいに始末したい人は布を 1 ㎝ほど中に折り返して縫います。

③

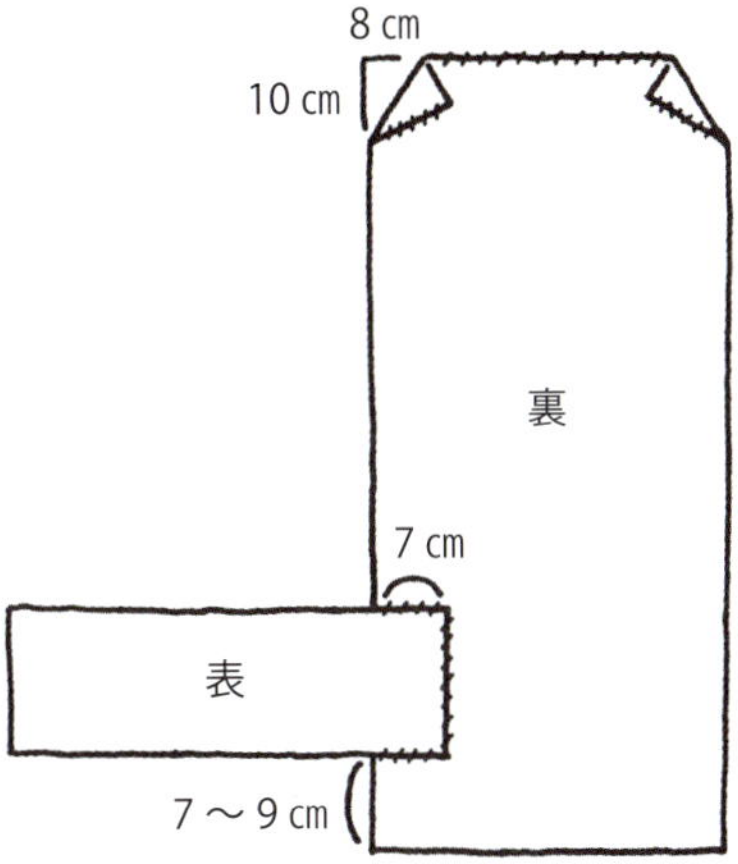

8 ㎝
10 ㎝
裏
7 ㎝
表
7 ～ 9 ㎝

おたいこ部分を作ります
・②でとじた側（たれ元）の両端を裏側へ三角に折り、とめます。
・帯の裏側に「手」を縫い付けます。手は表になるようにし、たれ先から 7 ～ 9cm（背が高い人は 9cm）上に、②でとじた側（手元）を 7cm 中に入れて縫います

④

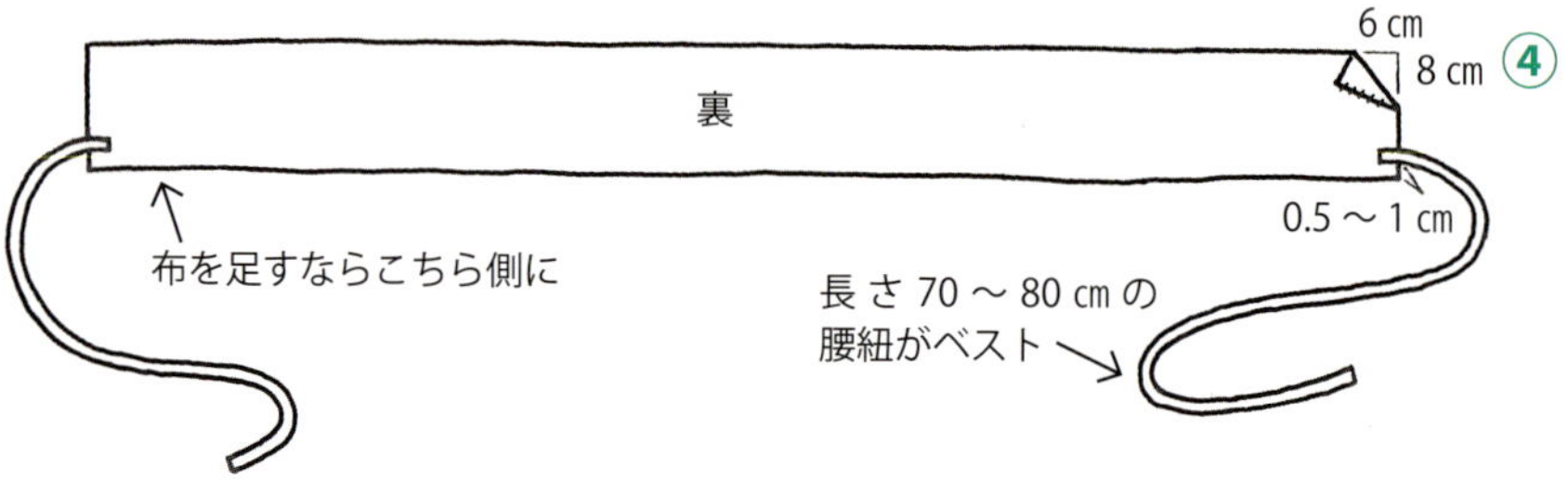
6 cm
8 cm
裏
0.5 ～ 1 cm
布を足すならこちら側に
長さ 70 ～ 80 cm の
腰紐がベスト

胴部分を作ります
・帯の柄を見て、上下を決めます
・帯を裏にして置き、右端の上角を三角に折り、とめます
・70 ～ 80cm の長さの紐を 2 本用意し、帯下から 0.5 ～ 1cm のところに、
　5cm ほど縫い付けます
＊紐は、腰紐を 2 本に切ったもので大丈夫。

【着付け方】

①

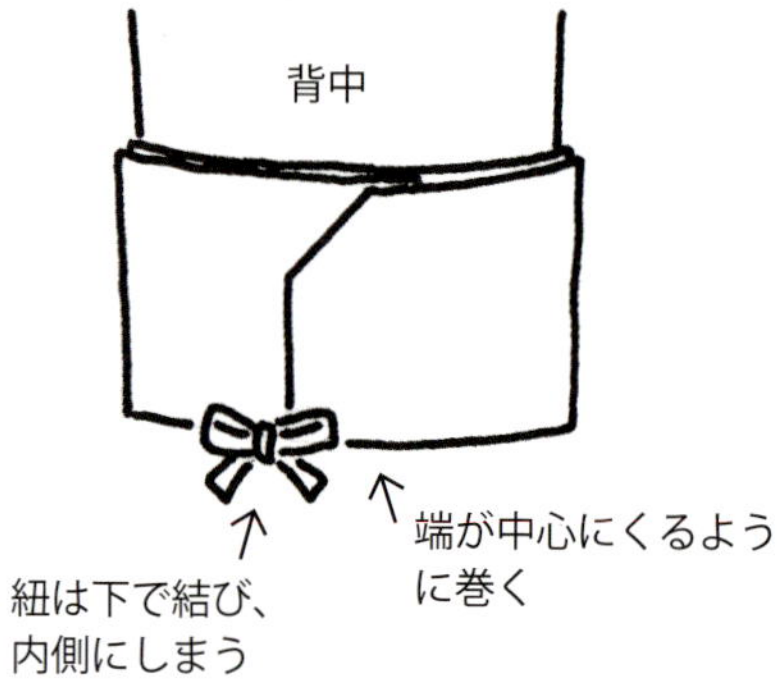
背中
端が中心にくるように巻く
紐は下で結び、内側にしまう

胴部分を 2 回巻き、紐は帯下で結び、帯の内側に隠します。途中、帯板を挟むのを忘れずに

②

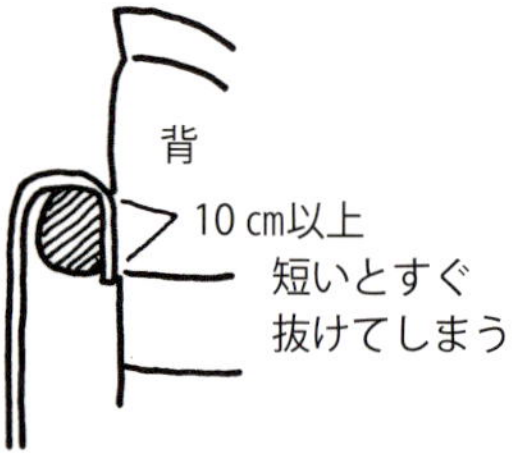
背
10 cm以上
短いとすぐ抜けてしまう

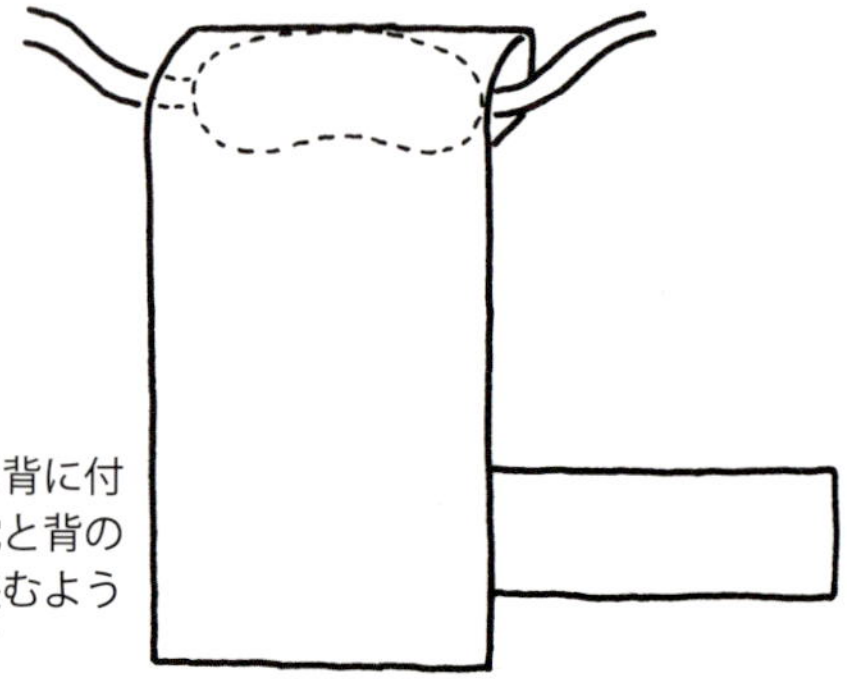

おたいこ部分を背に付けるとき、帯枕と背の間にたれ元を挟むようにして付けます

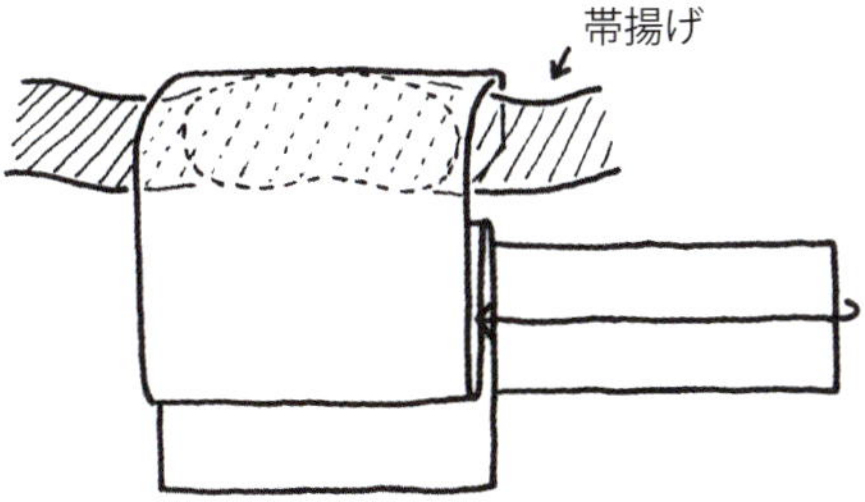
帯揚げ

③

帯揚げを付け、おたいこを作ります。好みのおたいこの大きさを作り、たれ１枚目の下に手先を入れます。形を整え、帯締めをしたらできあがり！

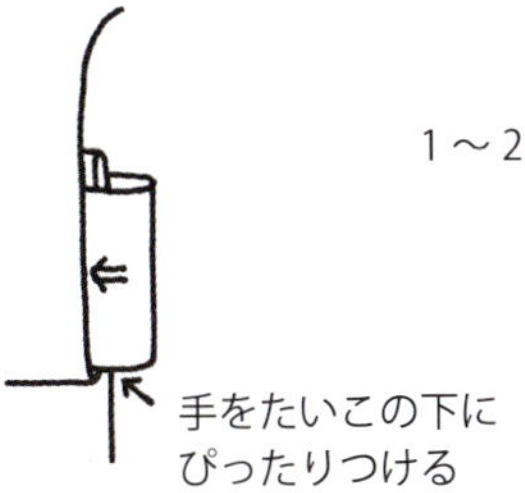
手をたいこの下に
ぴったりつける

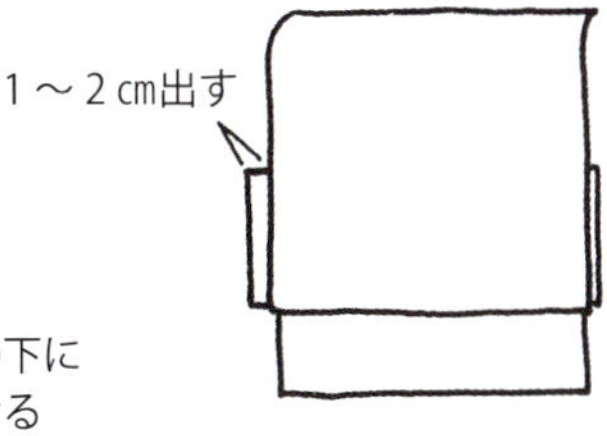
１～２㎝出す

●着物や帯がバッグに生まれ変わる●

左は帯をリメイクしたバッグ。右は喪服や羽織などの余り布を寄せ集めて作った「もったいないバッグ」（制作／藤本志津子）

母の銘仙の着物で、スカートと肩掛けバッグを制作（制作／藤本志津子）

【着物の小物おしゃれを楽しむ】

着物や長襦袢、帯以外にも、着物を着るときには、いろいろなところに布が小物として使われています。もう着ないという着物をほどいて、その布を利用するのもよいでしょう（ほどいた後は、一度洗ってから使いましょう。洗い方は本書53ページ「自分でお手入れ」参照）。その他、固定概念にとらわれず、スカーフや洋服地など、好きな布を自由に小物に加工して使ってみてはいかがでしょう。

【半襟】

着物の半襟は、無地のもの、刺繍のもの、柄ものなど、いろいろ。小さな布ですが、市販のものは、それなりの値段がします。普段着ならどんな布でも問題ないので、好きな布を半襟にして楽しんでみませんか。（写真は本書7ページ）

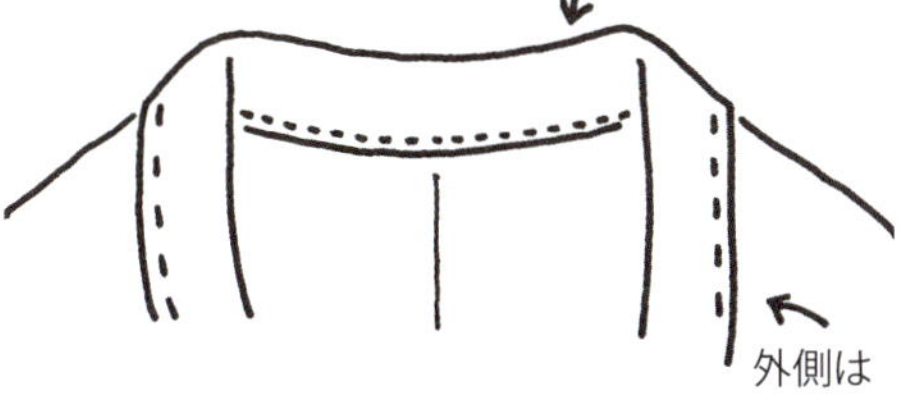
内側は細かくきれいに
外側は
ざっくりと

【半襟の縫い方】

●クラフトや洋服の生地

お気に入りの布を見つけたら、それを半襟にしてみましょう。木綿、シルク、ウール、なんでもOKです。

布地の一般サイズは、幅16㎝×長さ100㎝前後。でも、それだけ取れなくても大丈夫。外に見える部分だけあれば十分なので、最低でも、幅12㎝×長さ70㎝あれば、半襟として使えます。

＊たとえお気に入りの布でも、合わせる着物との相性がいいとは限りません。縫い付ける前に、着物と合わせてみましょう。

＊大きすぎる布は、着るのに邪魔になるので適しません。

×

着るときは、襦袢が見えないように注意

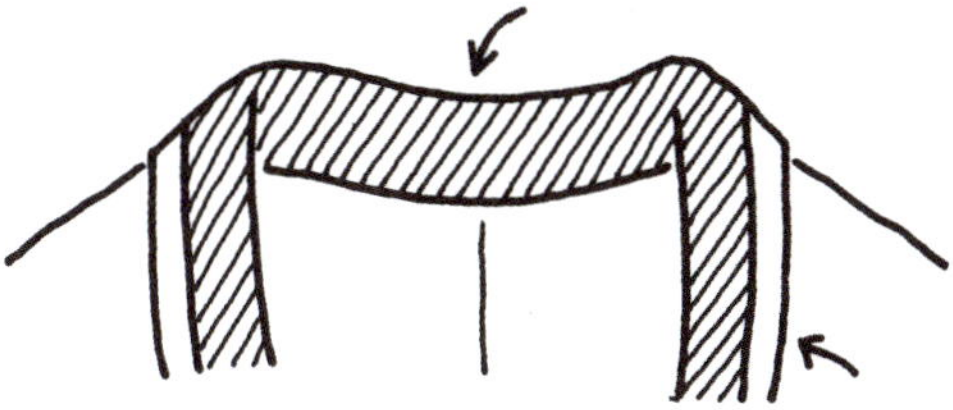
内側は襟を抜くので、きっちり
半襟を付けて
外側は端まで半襟を付
けられなくても大丈夫

【布幅が狭いときの半襟の付け方】

●手ぬぐい

長さはそのままでバッチリ。手ぬぐいを縦長に半分に折り、幅を調整して襦袢の襟に縫い付けます。

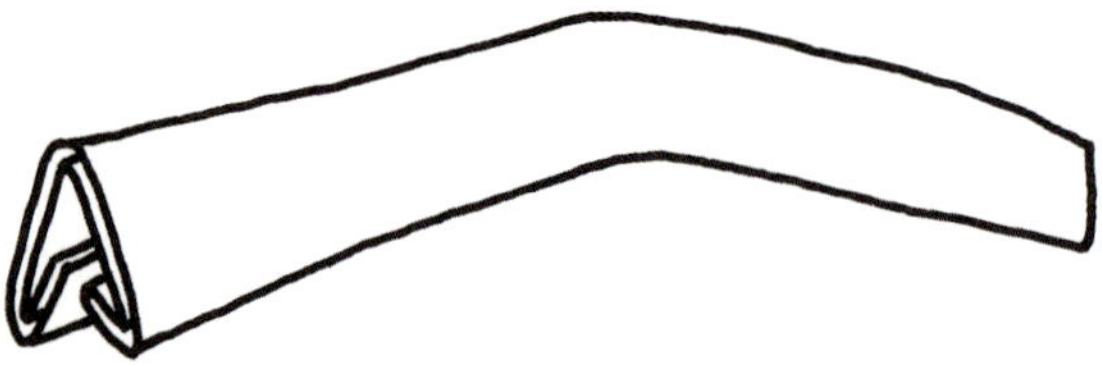

●スカーフ

高かったのに、もう派手でつけられない。そう思いながらも捨てられずにいるスカーフがあったら半襟にしてみませんか。

高級なスカーフはとても良い絹糸で丁寧に仕上げられています。それに柄が派手でも、着物から少ししか見えない半襟にはとてもよく合います。一度お試しください。

＊小さい場合は、２枚をはぎ合わせても、左右で柄が違っておもしろくなります。

【帯揚げ】

これも半襟と同様、いろんな布で楽しんでみてください。幅は、半襟よりは少し多く必要になります。市販されているものは、幅28㎝×長さ170㎝前後。それだけ取れない場合でも、最低、幅23㎝、長さは自分のアンダーバスト＋50㎝（80㎝取れたらちょうどよい長さ）あれば、帯揚げになります。薄手のマフラーなどもおもしろいでしょう。

＊大きすぎる布や厚すぎる布は、モコモコするので適しません。

●布が短いときの帯揚げの仕方

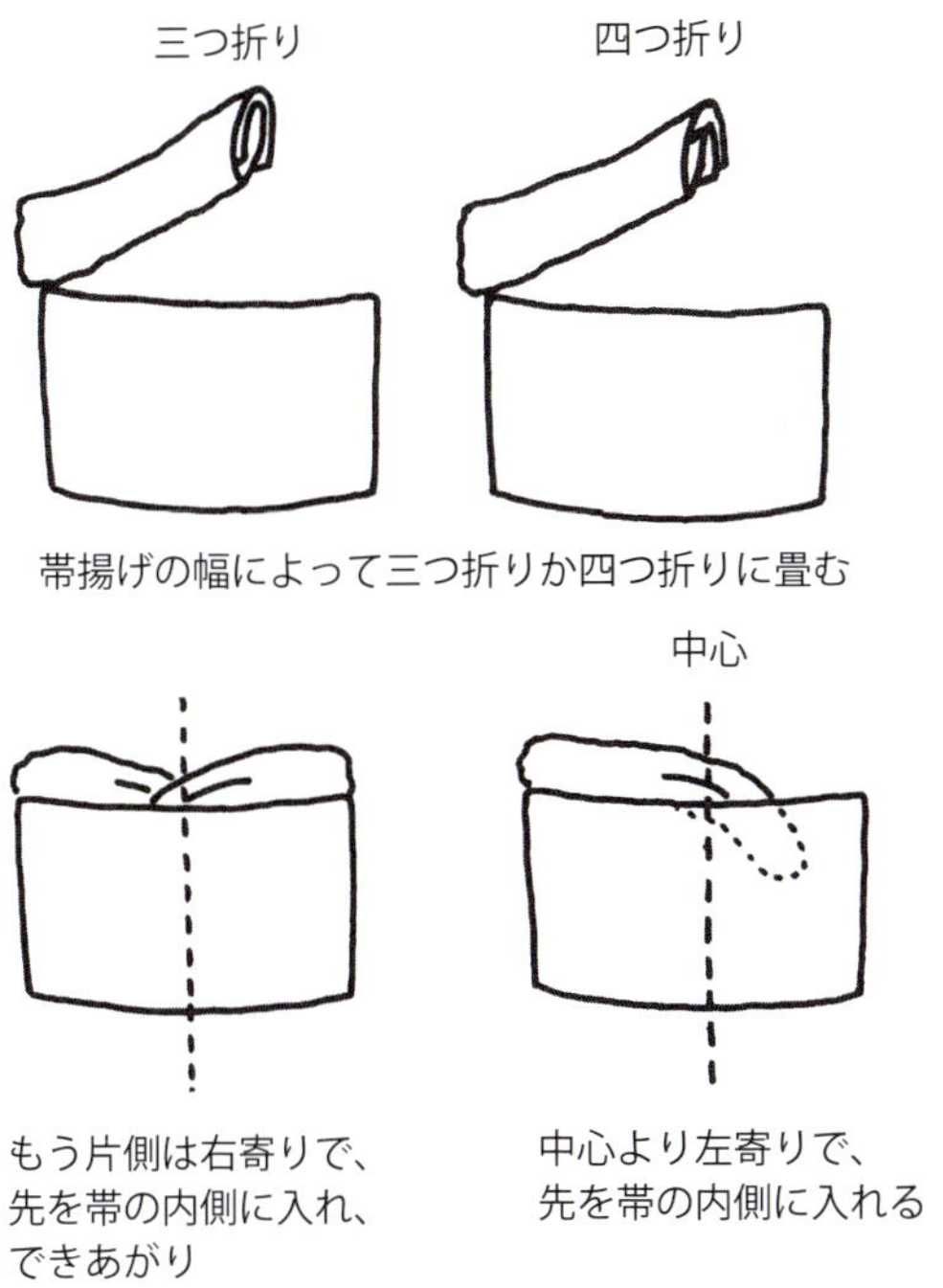

三つ折り
四つ折り
帯揚げの幅によって三つ折りか四つ折りに畳む
中心
もう片側は右寄りで、先を帯の内側に入れ、できあがり
中心より左寄りで、先を帯の内側に入れる

【帯締め】

既製の帯締めだけでなく、アジア雑貨屋やクラフトショップなどにあるメートル売りの紐やリボンで遊んでみてはいかがでしょう。できるだけ厚みのあるしっかりとした刺繍ものや、織りのものがおすすめです。その他、帯締めにできそうだなと思うものがあれば、一度試してみてください。

長さはウエスト＋80㎝あれば十分。あとはどう結ぶかで、必要な長さを準備してください。細いものなら帯留めをつけるとすてきです。結び方も自由に。帯の横で蝶々結びもかわいいです。

●先の始末

そのままだと糸がほつれてくるものは、先の始末をしましょう。化繊のものなら火であぶって溶かすということもできますが、それ以外は、無色のボンドを先に少しだけつけてとめるか、刺繍糸でかがるなどしてください。

【帯留め】

●ブローチ

ちゃんとした帯留めでなくても、ブローチなら簡単に帯留めとして代用できます。落ちるのが心配な場合は、糸を巻きつけてとめましょう。そのままピンを通して利用できる金具も市販されています。

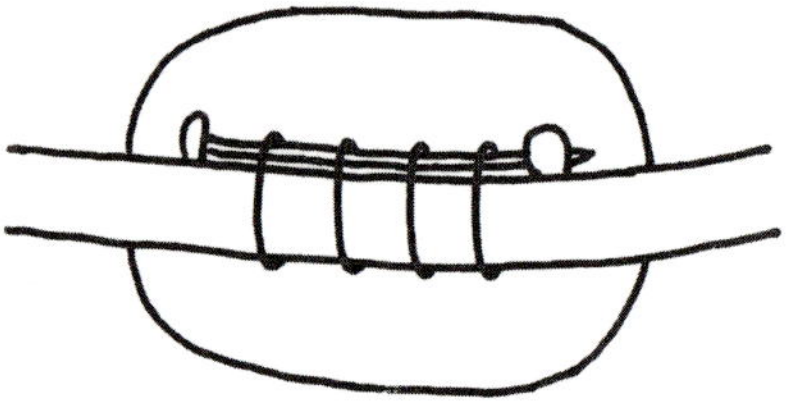

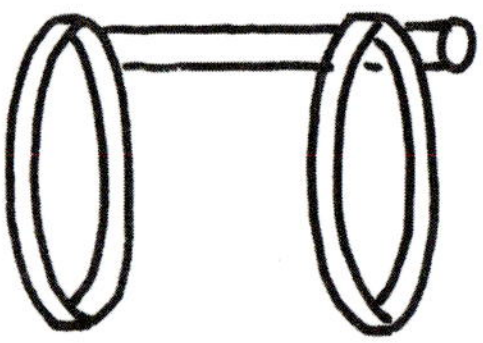

ここにブローチのピンを通す

●布の小物

後ろに帯締めを通す布を縫い付けたり、帯締めが通るように2カ所に少し太めの糸を付けておくだけで大丈夫です。

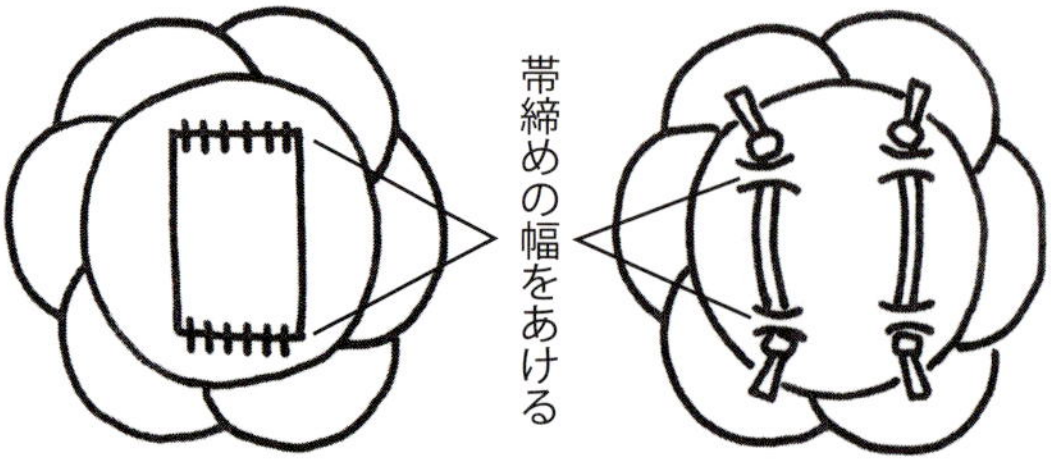

●その他

ボタンや箸置きなどの小物で、帯留めにしたらすてきなのに、と思うものはありませんか。そういったものは、裏に帯留めの台をボンドで付ければ簡単に帯留めができます。

片方なくしたイヤリングもいいですね。ブローチは、本体を傷つけないよう気をつけながら金具の部分をペンチで切り落とし、金属ヤスリで丁寧に削ります。裏に台をつけたら完成です。

＊帯留めの台は、手芸センターや東急ハンズなどで購入できます。

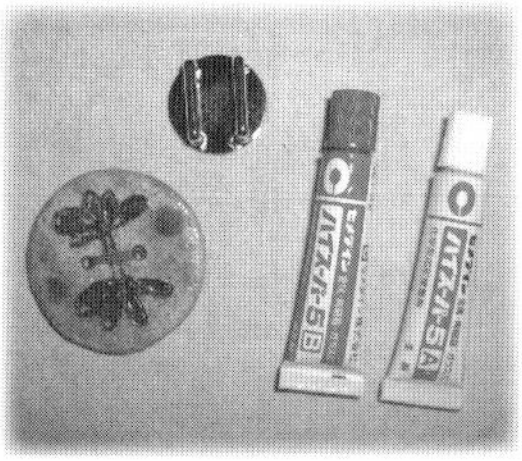

陶器のボタンを帯留めに。帯留め台を強力な接着剤で付ける

【イヤリングの場合】

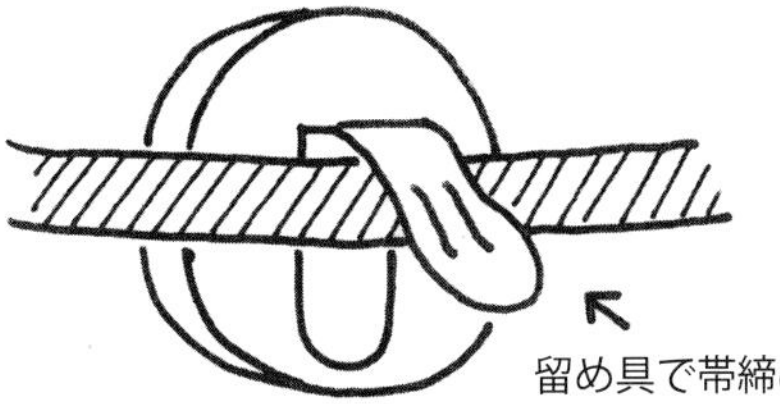
留め具で帯締めを挟む。帯締めが太かったり厚かったりすると、すぐとれてしまうので、注意

【ブローチの金具を取る場合1】

①
本体を壊さないようにはずす
②
金具をボンドで付ける

【ブローチの金具を取る場合2】

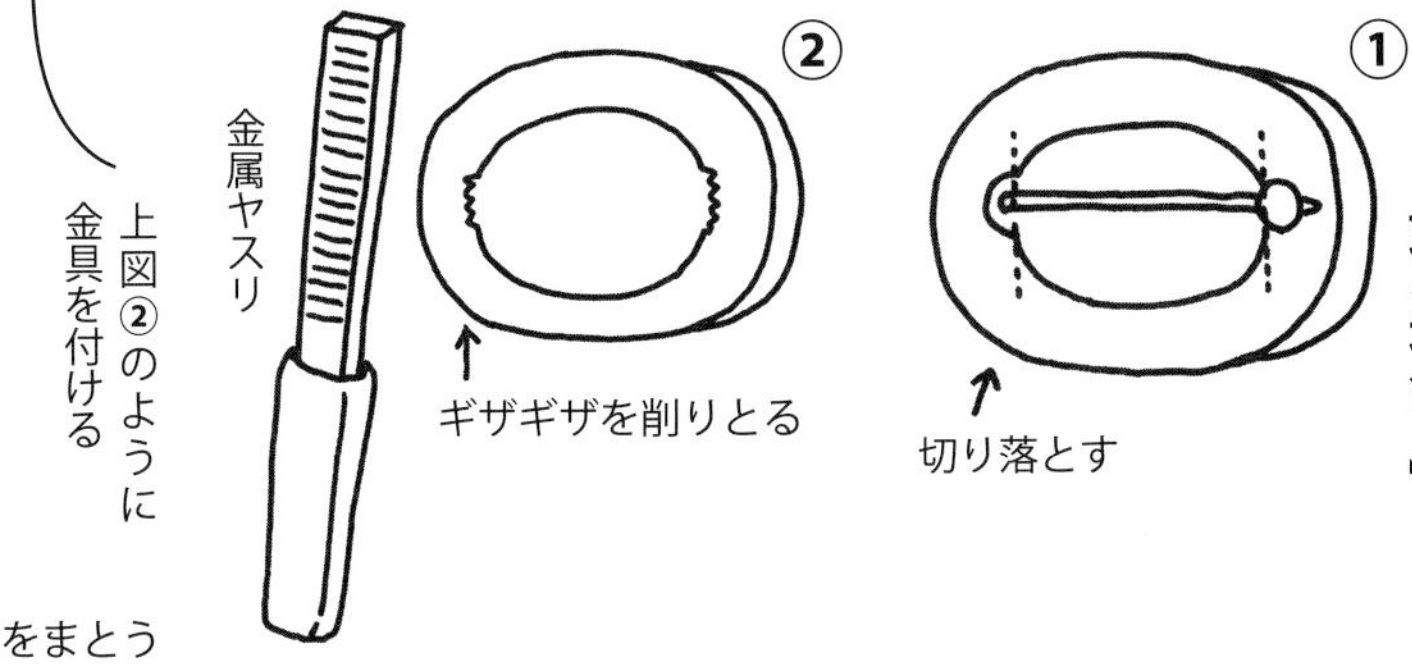
①
切り落とす
②
ギザギザを削りとる
金属ヤスリ
上図②のように金具を付ける

＊端切れを利用して自分で帯留めを作る方法は本書88ページへ。

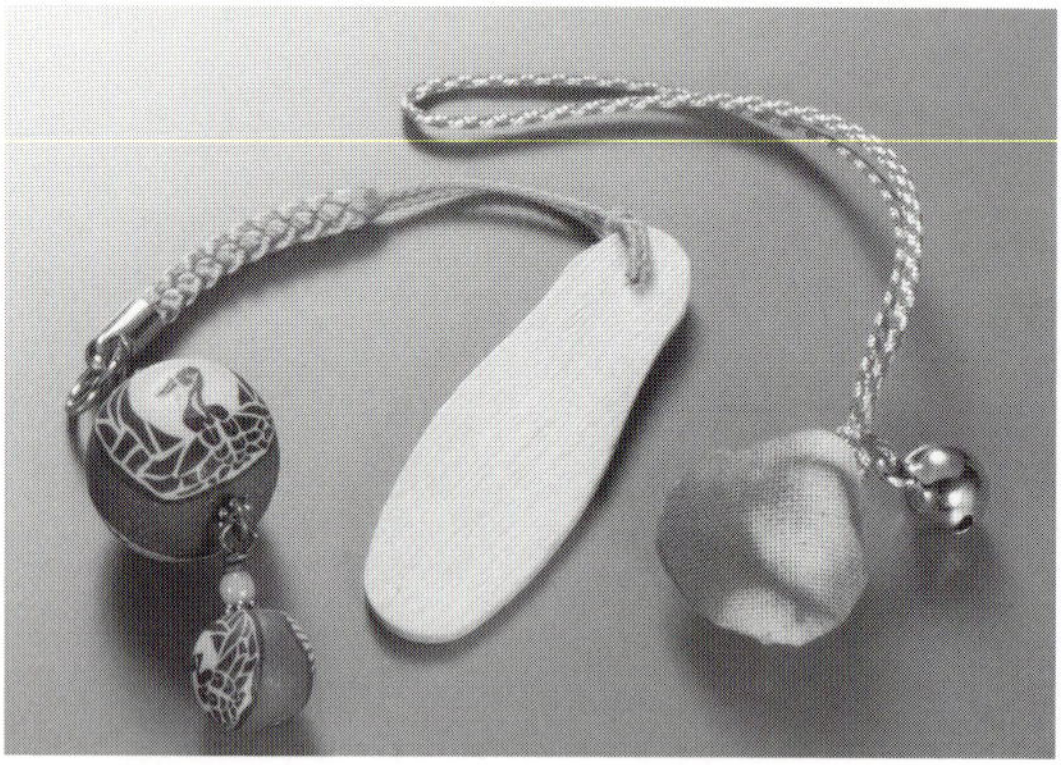

【帯飾り】

●ストラップ

和風のものは何でも似合いますが、そうでなくても試してみてはいかがでしょうか。5円玉や、アイスクリームのスプーンに、ストラップの紐の先を通して結びつけます。そして、5円玉やスプーンを帯と帯揚げの間から差し込み、帯にぶら下げます。

＊糸が引っかかるようなものは、着物が傷つくので避けましょう。

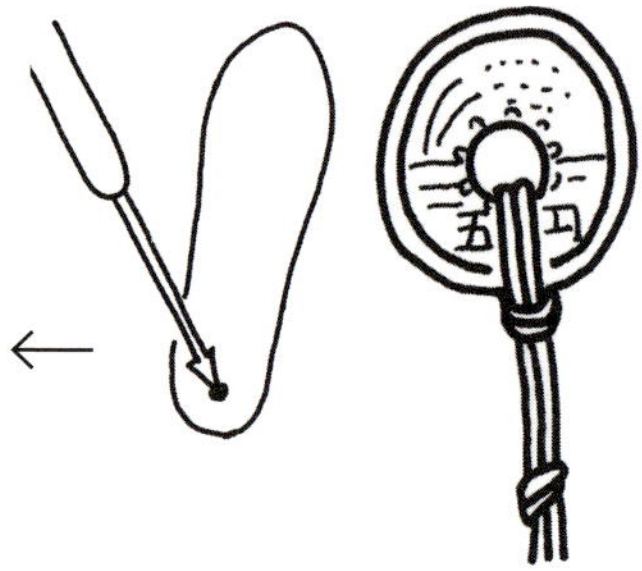

アイスクリームの木のスプーンにキリで穴をあける

●ピアス

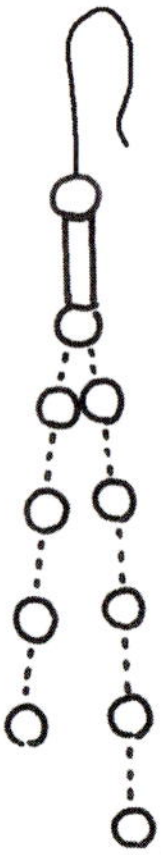

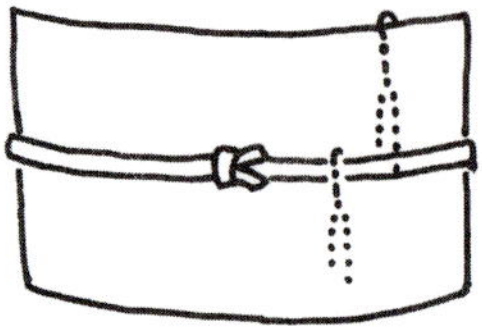

ピアスを帯締めや帯にかけてもいい

4 自分でお手入れ

【日常のお手入れ】

着物を脱いだら、湿気と体の温もりを取るため、着物ハンガーに掛けましょう。家の中で半日から1日、陰干ししてください。あまり長い間ハンガーに掛けておくと生地が伸びてしまい、焼けの原因にもなるので、気をつけましょう。

早いうちに、シミや汚れがないかチェック。なければ、ブラッシングでホコリを落として、アイロンでしわを伸ばしてから畳んで、たとう紙に包んでしまいます。汚れがある場合は、専門の業者さんにお願いするのが無難です。

晴天が2日以上続いた湿度の低い日は、着物の虫干しに最適です。着た着物も、着ていない着物も、年に1度くらいは虫干しをしましょう。風がよく通る、直射日光の当たらない場所で、時間は10時~14時が1日のうちでも最も湿度が低いといわれています。

本格的な虫干しまで手が回らないときは、たんすの中に風を入れましょう。たんすの一番下の引き出しを引き抜いて、その上の引き出しを階段状にずらし、たんすの奥まで風が入るようにします。本格的な虫干しには及びませんが、それなりの効果があります。

●ブラッシング

着物の汚れの8割は細かいホコリです。着物専用のブラシを1本持っていると便利です。どんな布地でも使える柔らかい毛の万能ブラシでもよいでしょう。

強くこすらないように毛先で軽くブラッシングして、ホコリを落とします。

布地を傷めないように柔らかい毛質の着物ブラシ

●たとう紙

着物専用の包み紙「たとう紙」に包むことで、汚れを防ぎ、出し入れのときの擦れをなくすことができます。特に大切な着物は、たとう紙にしまった後、引き出しごとに中の着物全体を布でくるんでおけば、紙、布、木と3段階で湿気を調節し、着物にカビやシミがつくことを防ぎます。

ただし、たとう紙は消耗品であることも忘れずに。たとう紙の黄ばみが着物に移ることがあるので、黄ばんだたとう紙はすぐに取り替えましょう。

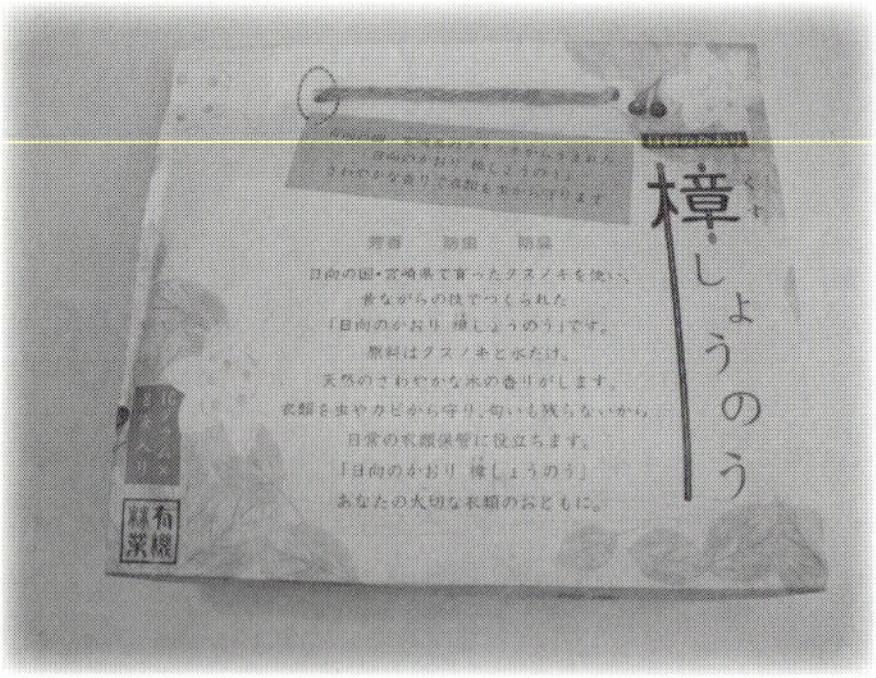

天然樟脳「日向のかおり　樟しょうのう」（有機本業）
「国内フェアトレード」をコンセプトにした、持続可能な社会の実現・地域経済活性につながるものづくりを応援しているオリジナル国産材製品。宮崎県のクスノキを使い、昔ながらの技でつくられている。
http://www.yuukihongyo.jp/
TEL. 03-5228-0522

●防虫剤

複数の種類の防虫剤を一緒に使うと化学反応を起こし、シミや変色がおこることがあります。防虫剤は1種類に統一しましょう。別の種類の防虫剤に替えるときは、着物を干し、それまでの成分を十分とばしてから、新しいものを入れてください。

天然樟脳《しょうのう》はクスノキから抽出した自然の防虫剤。化学的なものより体に悪影響が少ないのでおすすめです。においも化学合成されたものより早くとび、金糸銀糸をいためる心配もありません。

クスノキの木っ端が手に入れば、それを防虫剤として使うこともできますが、効果が低く、香りが落ちるたびにサンドペーパーなどで削る必要があるので、木綿など虫がつきにくいものに限ります。

そんな防虫効果を持つクスノキ。でも、アオスジアゲハの幼虫はこのクスノキの若葉を食べて育ちます。自然界の妙ですね。

●天然の湿気取り

黄葉したイチョウの葉を拾い集め、きれいに洗ってしっかり乾燥させます。10枚程度を薄手の布に包み、引き出しに入れておくと天然の湿気取りになります。

●帯締めの房もお手入れを

帯締めの房がボサボサになってはいませんか？　簡単に直るので、お手入れしましょう。やかんに湯を沸かし、口から出てくる蒸気に房をかざします。このとき、近づきすぎないように気をつけてください。柘植《つげ》の櫛《くし》などで、糸を引っ掛けないよう気をつけながら整え、和紙などにくるんでしまいます。

【汚れがあったときは…】

着物だって簡単な汚れは自分で落とし、家で洗うこともできます。ただし、高価なものや、大切な着物は基本的に専門の業者に出した方がよいでしょう。まずは、あまり着ない、失敗しても惜しくないと思える着物で試してみましょう。特に汗がつきやすい長襦袢などは、洗うと気持ちがよくなります。

●汚れを拭き取る

白カビ

黒い帯や着物など、色の濃いものは目立ちます。ぬるま湯に中性洗剤を溶かしたものにタオルをつけ、かたく絞ったものでその部分だけ拭きましょう。これでほとんど取れるはずです。

あとは、しっかり乾いてからしまいます。ただし、長くしまいっぱなしだと、また出てくるので、気になるならクリーニングに出すか、チェックも兼ねて時々着たり、年に1～2回は着物に風を通してあげましょう。

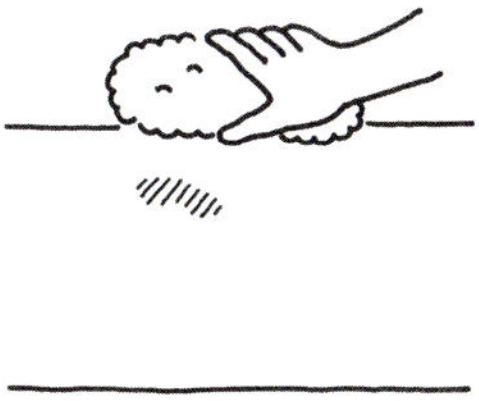

シミ

明るい色の着物には厄介者のシミ。つけたばかりなら下に布を当て、上から、たっぷりのベンジンをかけた別布でたたいて下布に汚れを染み込ませる方法で取ることができます。古いシミはこれでは落ちないので、どうしてもシミを取りたい場合は専門業者に相談してください。

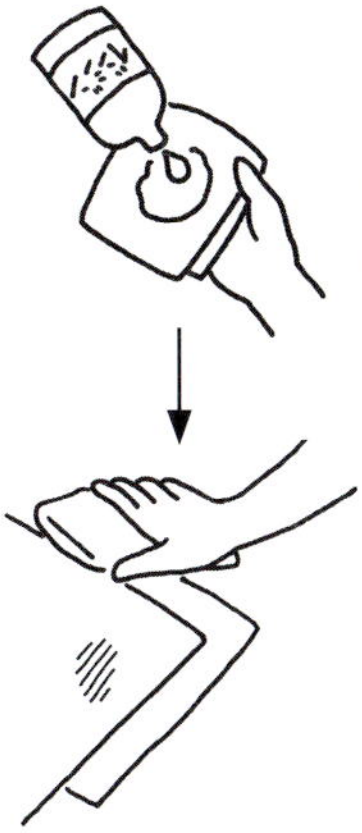

その他の汚れ

ぬるま湯（30度くらい）に中性洗剤を溶かしたものに、汚れのついた部分をつけおきします（30～60分）。汚れが落ちたら、ぬるま湯で洗剤をしっかり落とします。タオルなどで水気を取り、日陰に干します。半乾きで取り込み、アイロンを当てます。新しくて軽い汚れなら、これでほとんど取れるでしょう。古い汚れやシミを取るのは困難です。

●家で丸洗い

ウール、紬、小紋などで、単衣の着物や襦袢なら家で手洗いできます。ただし、多少の縮みやアイロンの当て方によってはゆがみが出ることもあります。高価なものや大切な着物、それから、袷《あわせ》の着物（*）は、基本的に専門の業者に出した方がよいでしょう。まずは惜しくない着物で試し洗いしてみてください。

*袷が難しいのは、表地と裏地の縮み具合が違うと、着物がつってしまうためです。

洗う手順

どの着物の場合も洗う手順は同じです。

①外でよくホコリを落とします。ブラッシングするとよいでしょう。

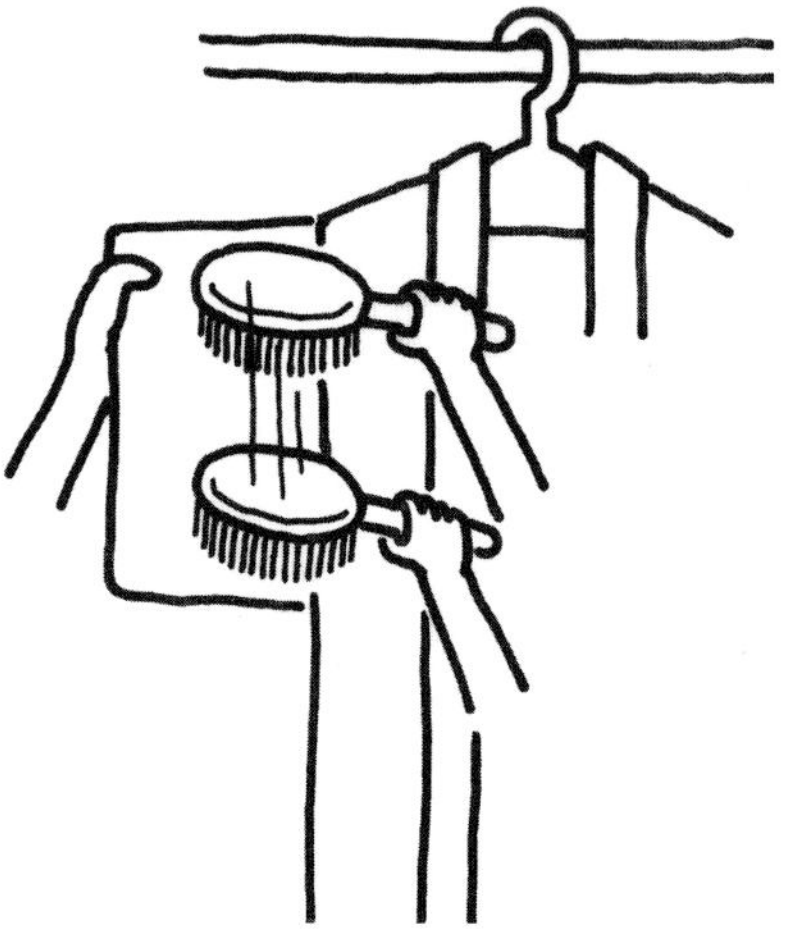

②汚れがないかチェック。あれば、前述の要領でまずは部分的にきれいにします。

③全体を洗います。洗うときはきちんと畳んで、ネットに入れて押し洗い。手洗いが面倒なら、洗濯機の手洗いモードで洗います。

④すすぎはしっかりと。

⑤干します。両袖をさおに通して広げ、ピンと張ります。

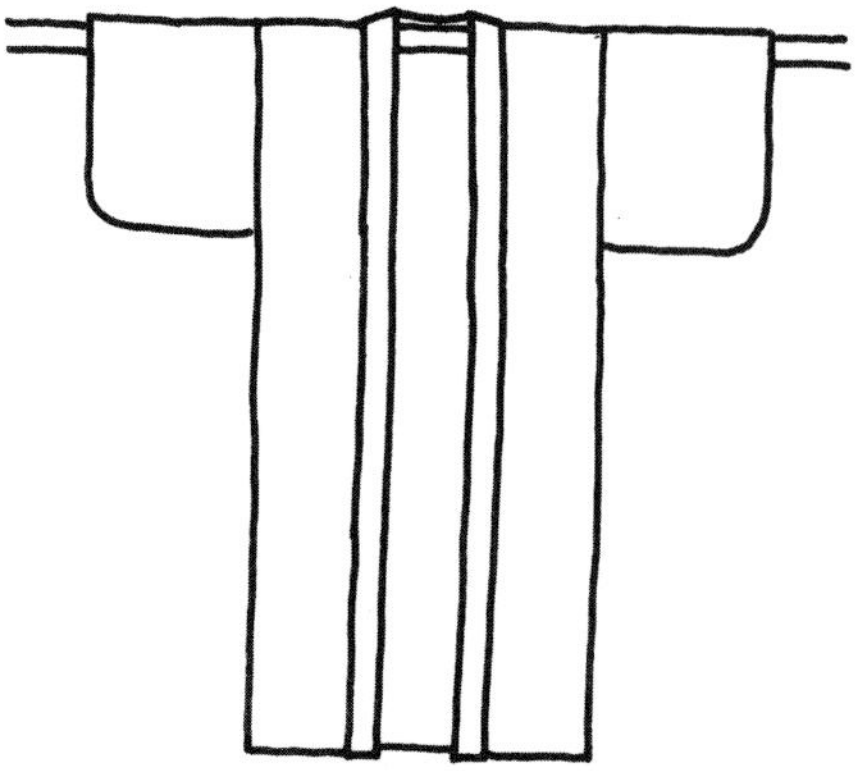

⑥半乾きの状態で取り込み、アイロンを当てます。このとき、着物に直接アイロンを当てるのではなく、当て布をすること。布が焼けたり、アイロン掛けによっておきるテカリが防げます。

素材によってこんなことも

【浴衣や単衣など木綿の着物の場合】

なんといっても木綿ですから手軽です。中性洗剤を入れて洗濯機で普通に洗えますが、もちろん手洗いがベスト。洗濯機に入れるなら手洗いモードにするのがおすすめです。汗を落とすだけなら水洗いでも大丈夫。季節が変わり、しまう前にはしっかり洗剤を入れて洗いましょう。

買ったばかりのときは色落ちする場合もあります。よく水洗いすれば、色が他の部分へ移ることはほとんどないと思いますが、基本的に、色が違うものは1枚ずつ洗いましょう。

【ウールやモスリン（ウールの一種）の長襦袢、単衣の小紋、絹の襦袢の場合】

ウールのセーターやシルクのブラウスと同じように、ぬるま湯（30度くらい）で、洗剤はおしゃれ着用のものがよいでしょう。身近なものでは、シャンプーでも代用できます。最後にリンスで仕上げれば、髪の毛のようにふわっと仕上がります。古くなったシャンプーの試供品など、髪にはちょっと使いたくないと思うものがあれば、使ってみてください。

縫い目は目？

アイヌの人たちの衣装を見たことがあります。袖口や裾回り、首回りをぐるりと刺繍で飾ってあり、なんともおしゃれでした。お話を聞いてみると、袖、首、裾は開いているので、そこから魔物が入ってこないように、文様で飾ったのだとか。

子どもの産着に付ける縫い守りにもそういう意味がありますね。昔は今ほど医療が発達していませんから、ちょっとした病気やケガで命を落としてしまう子どもが多かったのです。それは、魔物の仕業と考えられていました。土地土地で、いろいろなやり方があったようですが、魔物に気づかれないように、産まれてすぐは、なるべくぼろの着物を着させたところもあったそうです。

魔物は後ろから襲ってくるといわれていたので、子どもの産着の背とかヒコオビに、糸で飾り縫いをしたのです。それが、お守りなんですね。大人の着物には背縫いがありますけど、子どもの産着（一つ身）には背縫いがないでしょう。それが、とっても無防備に思えたのでしょうね。籠目文様とか卍とか折り鶴の形とか、いろいろな飾り縫いがされたものです。縫い目は「目」に通じると考えていたようで、魔物に「目が付いてるぞ」「見てるぞ」と見せかけて、追い払おうとしたのでしょう。

アイヌの糸巻き
（ホロベツ民芸／本書 109 ページ参照）

3

布と暮らす

布は体にまとうだけでなく、モノを運んだり、包んだり、部屋を飾ったり…私たちの暮らしを便利に楽しくする用具になります。そして、布が持つ温かさや柔らかさが、使う人の心をやさしくしてくれるような気がします。もっと布を暮らしに取り入れてみませんか。

1 ふろしきを使う

昭和33年をえがいた「ALWAYS三丁目の夕日」には、銭湯に行くとき、小学校へ行くとき、旅行をするときなど、さまざまな場面でふろしきが登場します。1枚の布は、そこに知恵と工夫を加えれば万能の用具になるのです。

たくさんのモノがあふれ、モノに振り回され、大事なものを見失いつつある現代。1枚のふろしきを通して、身の回りのモノとのつきあい方を見直してみませんか。

【ふろしきでエコバッグ】

レジ袋削減のため、レジ袋を有料にする取り組みが全国各地で始まっています。レジ袋は限りある資源「石油」のかたまり。「たかがレジ袋を減らしたって、どうってことないでしょ！」と言われそうですが、年間３００億枚以上が流通しているということですから、総量にしたら相当なもの。それに、製造から廃棄までの過程で、たくさんのエネルギーを使い、地球温暖化の原因となるCO_2を排出しているのですから、たかがレジ袋、されどレジ袋です。

買い物をして、お店から家庭まで運ぶだけの袋ですから、何もレジ袋を使わなくても、お気に入りのマイバッグを使えば、ごみも減っておしゃれに買い物もできるはず。ふろしきバッグは、手にもやさしく、いろいろな形の商品をそのままに包み込みます。一度、お試しください。

■協力：ふろしき研究会
1992年発足。全国に会員約450名（2008年7月現在）。「現代生活に活かすふろしき」をテーマに、新たな視点から、ふろしきの使い方を提唱している。
TEL. 075-432-2722
http://homepage2.nifty.com/furoshiki_sg/

●インスタントバッグ

買い物に使うなら、綿素材が一番。丈夫で、洗濯機で洗えます。サイズは、90～120㎝幅くらいの大判がおすすめ。120㎝幅なら肩にかけることができます。見た目よりたくさん入るので驚き！

（写真は本書8ページ）

【作り方】

①

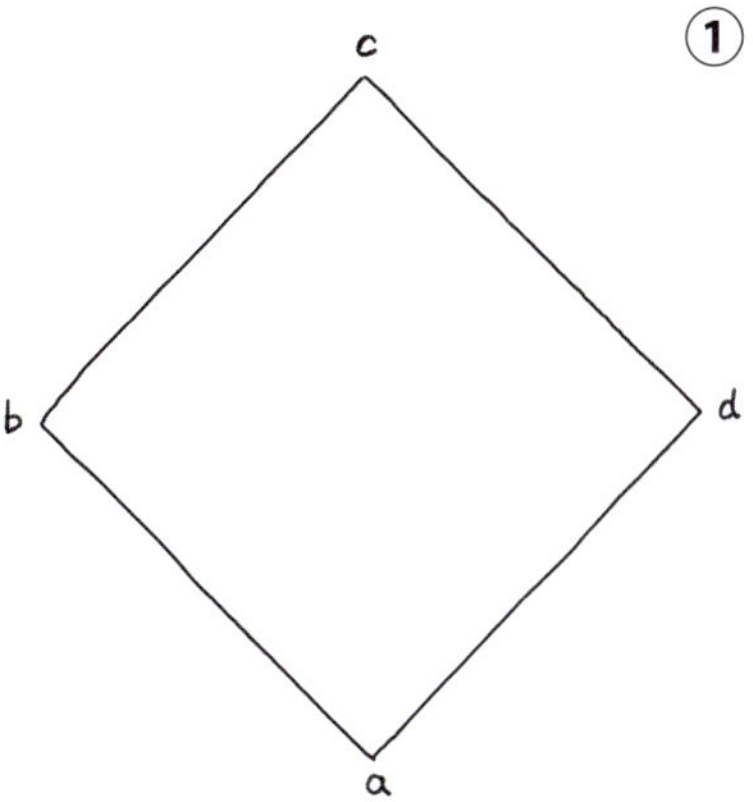

ふろしきは裏が見えるように広げます

②

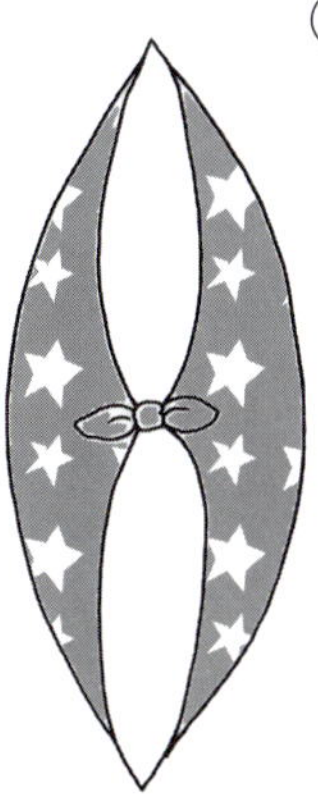

bとdを真結びします。結び目が縦になる「縦結び」にならないようにね

③

aとcをそれぞれひとつ結び。布の先は少し長めに出し、左右同じ長さにします

④

できあがり！

●バスケット包み

口が開いたり、閉じたり…。たくさんの買い物をすっぽりとしまい込んでくれるバッグです。こちらも90～120cm幅くらいのふろしきがおすすめです。インスタントバッグより、入る量は少ないので、買い物の量が少ないときはバスケット包みで。

写真のふろしきは
118cm幅・綿100%

【作り方】

ふろしきは裏が見えるように広げます

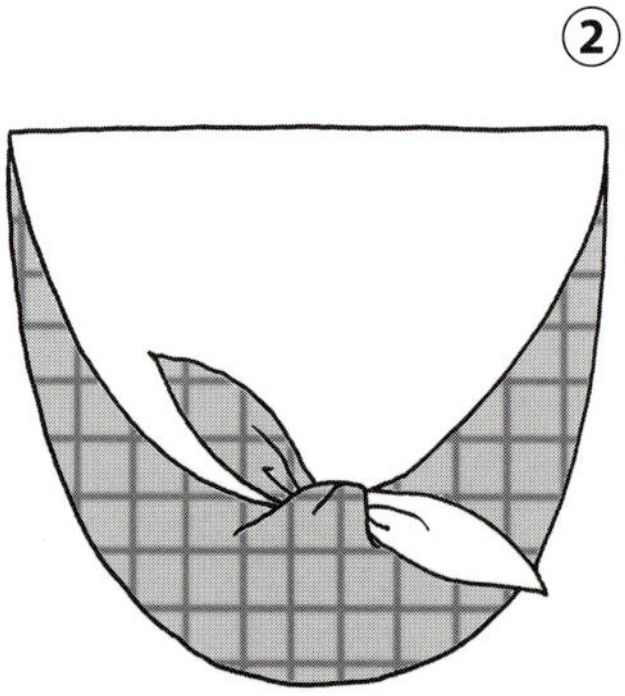

aとbを1回結び、引っ張ります

【使い方】

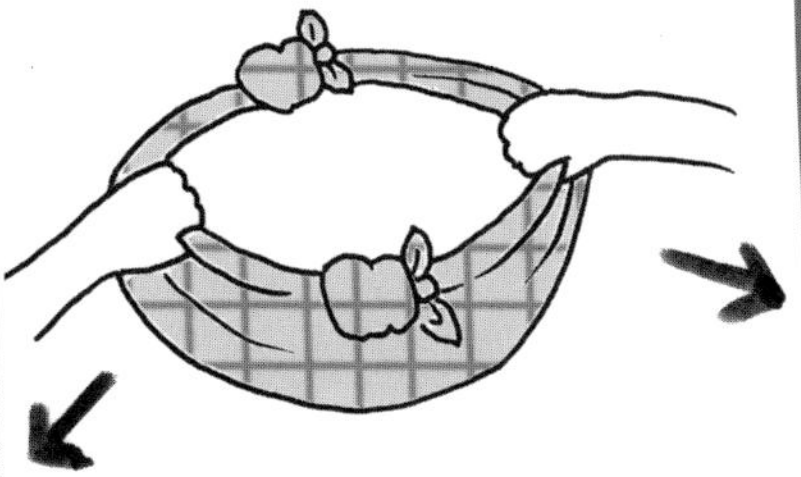

モノを入れるときは、持ち手のないところを外に広げると、こんなに口が開きます。

口を閉じるときは、持ち手の輪を広げます

③

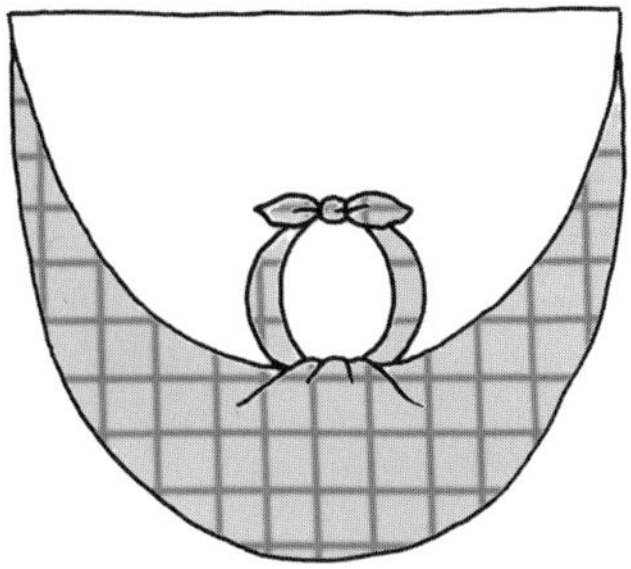

aとbで輪をつくり、先端で真結びします

④

cとdを手前にして１回結び、引っ張ります

⑤

cとdで輪をつくり、先端で真結びします

●すいか包み

　重いすいかを2つの結びでしっかりと支え、手にもやさしく運ぶことができるすいか包み。伝統の包み方です。すいかを運ぶなら綿の90〜105㎝幅のふろしきが適していますが、68㎝幅の綿や化繊のふろしきで巾着《きんちゃく》代わりにしてもいいでしょう。浴衣にも似合います。

　パーティーで余ったお菓子をみんなで分けるとき、持っているハンカチやバンダナですいか包みにしてお菓子を入れてもいいですね。

　ペットボトルやマイボトルを入れて、カバーとしても使えます。

（写真は本書9ページ上右）

【作り方】

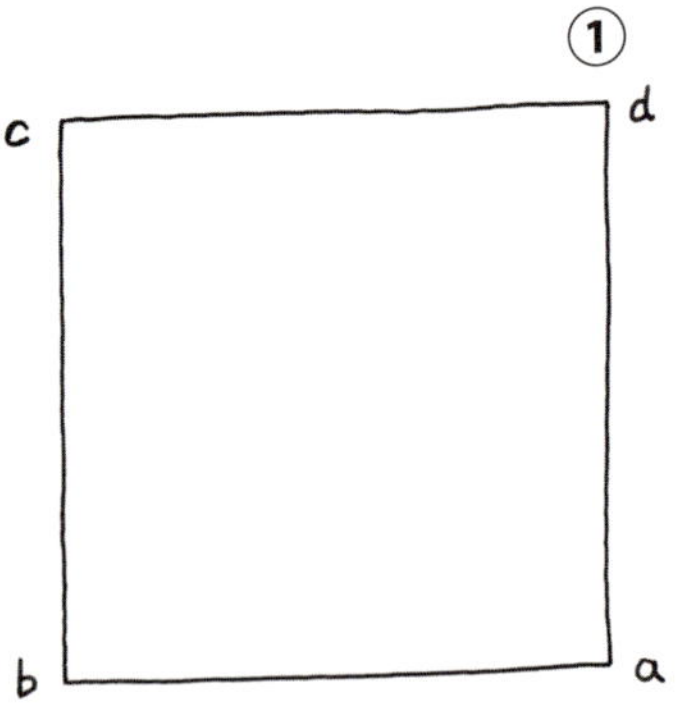

ふろしきは裏が見えるように広げます

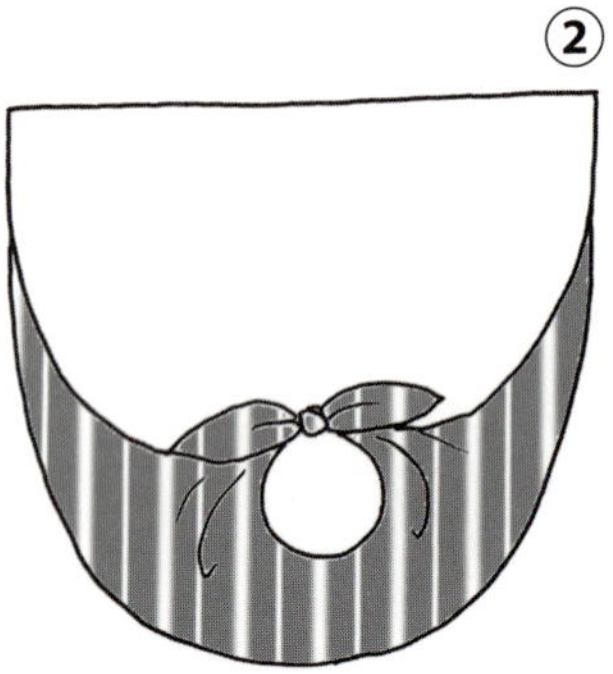

a と b を真結びします。結び目の下は少しあけておきます

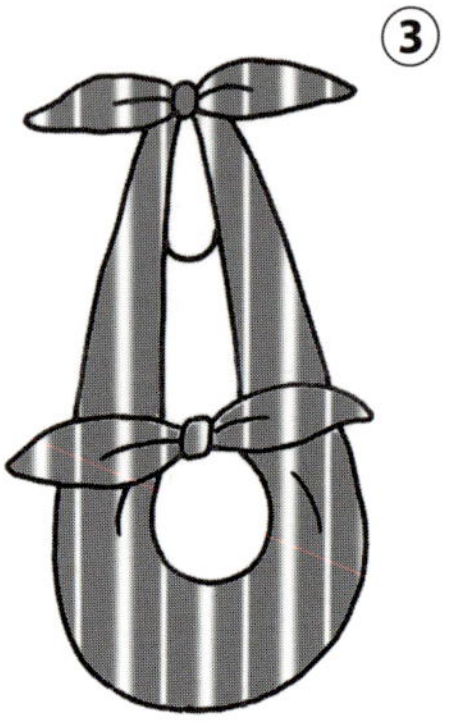

c と d も②と同様に真結びします

すいか（または品物）を入れ、結び目の下に、もう片方の結び目を通します

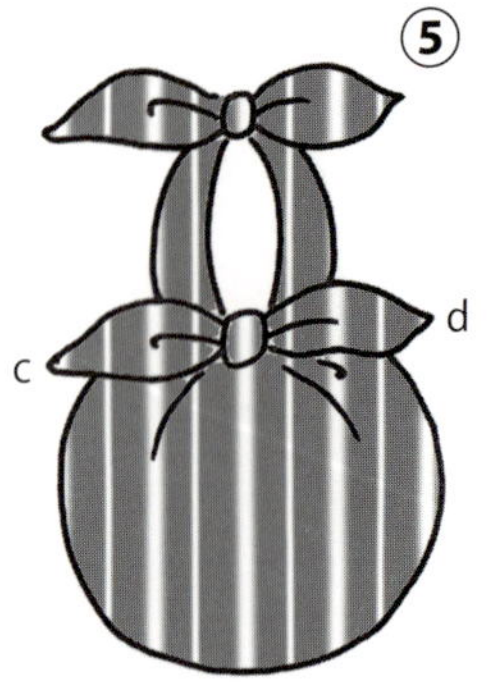

通した結び目が持ち手になります。持ち手の後ろ側があいてしまった場合は、形に沿わせて c と d を結び直しましょう

【洋服に合わせてお出かけに】

「ふろしき」と聞くと、古くさいイメージを持つ人もいるかもしれません。でも、最近は洋服にも似合うデザインや著名なデザイナーの作品もあり、ファッションのひとつとして持ち歩きたくなるものがたくさんあります。お気に入りの布で、オリジナルのふろしきを作ってもいいですね。

●ふろしきトート

かわいい形なので、おしゃれに持ち歩くバッグとして人気です。90～120㎝幅の綿素材か、68㎝幅の化繊でプチバッグにしてもいいでしょう。

（作り方は次ページ）

写真のふろしきは
90㎝幅・化合繊維袖風

【作り方】

①

ふろしきは裏が見えるように広げます

②

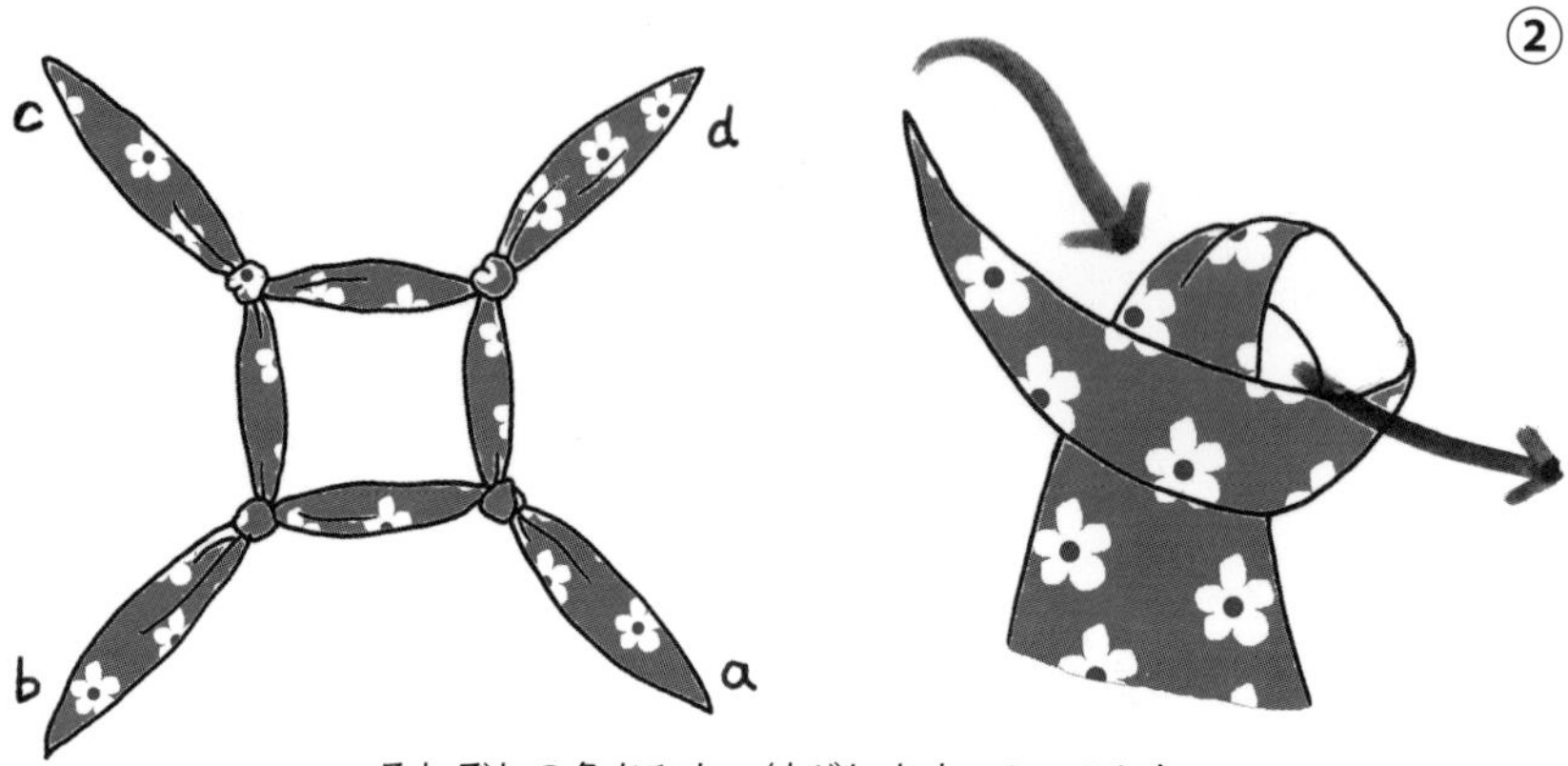

それぞれの角をひとつ結びします。4 つのひとつ
結びが同じ長さになるようにします

③

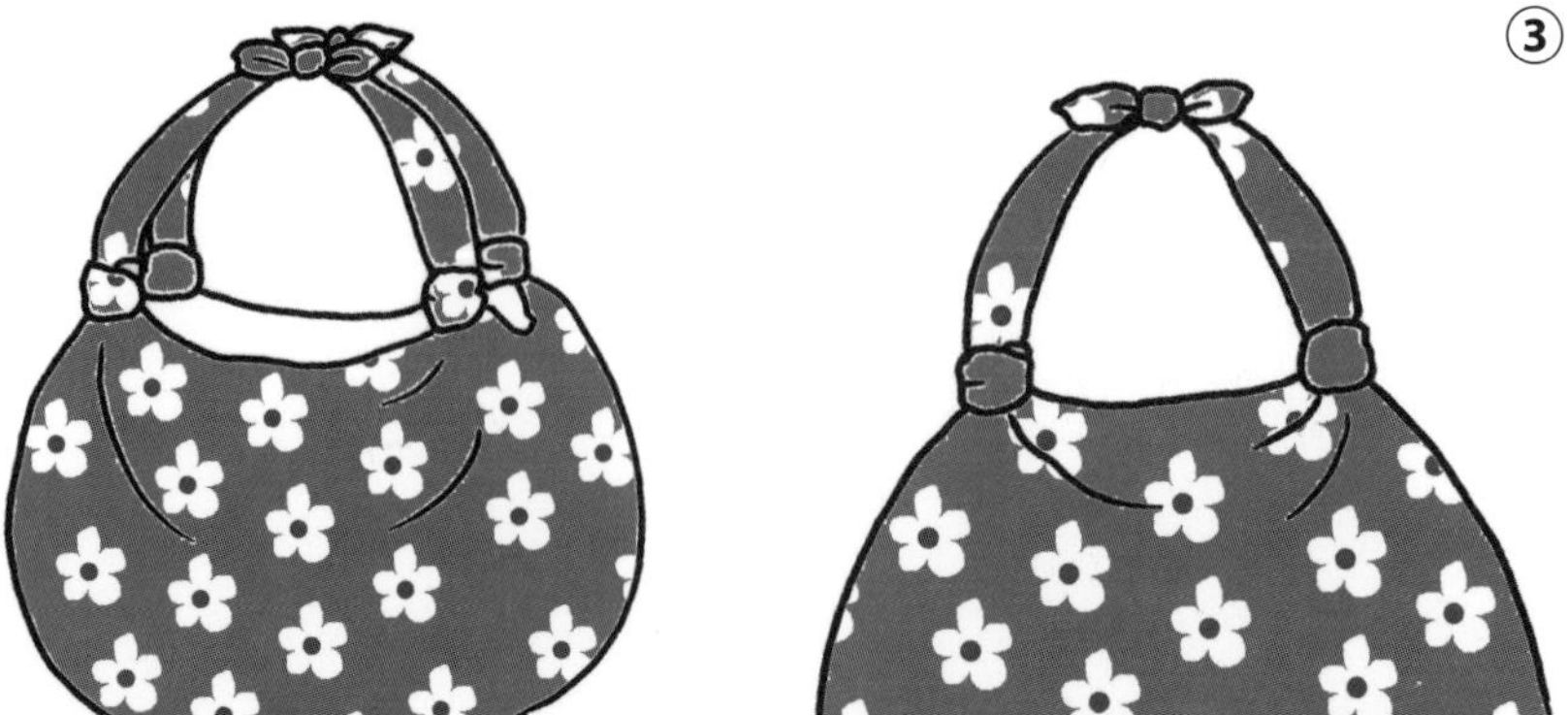

a と b、c と d、それぞれを先端で
真結びしてできあがり

●バンブーバッグ

着物のときの巾着代わりにもなります。着物の色に合わせてふろしきもコーディネートすればおしゃれです。化繊か綿の68~90㎝幅のふろしきが最適。持ち手は手芸用品店にさまざまな形のものが販売されているので、お好みでどうぞ。太めの荷造り紐に端切れを巻き付けて自分で作ってもいいでしょう。

（写真は本書10ページ）

考案／森田知都子（ふろしき研究会代表）

【作り方】

①

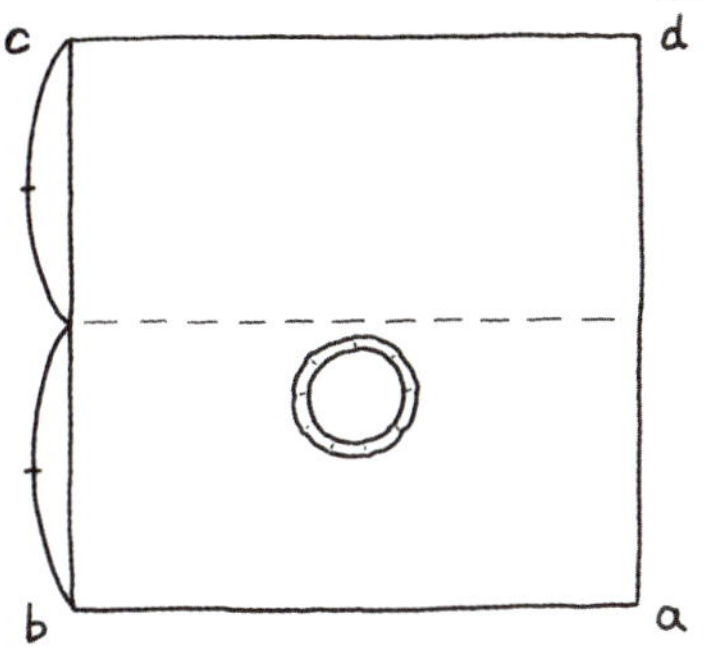

ふろしきは裏が見えるように広げ、円形の持ち手を中央線より少し手前に置きます

②

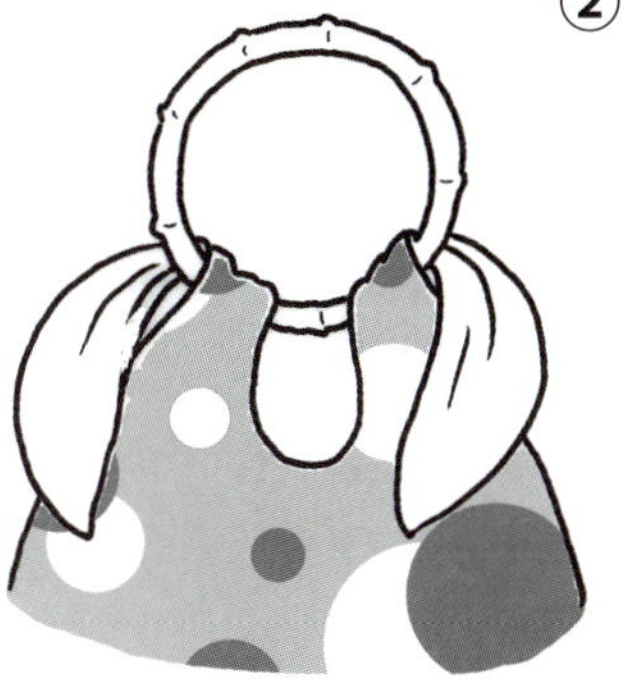

aとbをそれぞれ、輪の内側から入れて外側に引き出します

③

aとbを輪の下に引き寄せて、真結びします

④

cとdも同様にもうひとつの輪に通し、真結びすればできあがり

●ウエストポーチ

小学5年生の子が考えた簡単ふろしきポーチが大人気。洋服に合わせて、色柄合わせを楽しみましょう。50㎝幅のふろしきや、端切れを利用してもできます。お散歩や旅行のときに手ぶらで行動できて便利です。財布、携帯電話、ハンカチ、デジカメまですっぽり。ペットボトルも楽々入ります。

（写真は本書9ページ下）

考案／浜口愛子

【作り方】

①

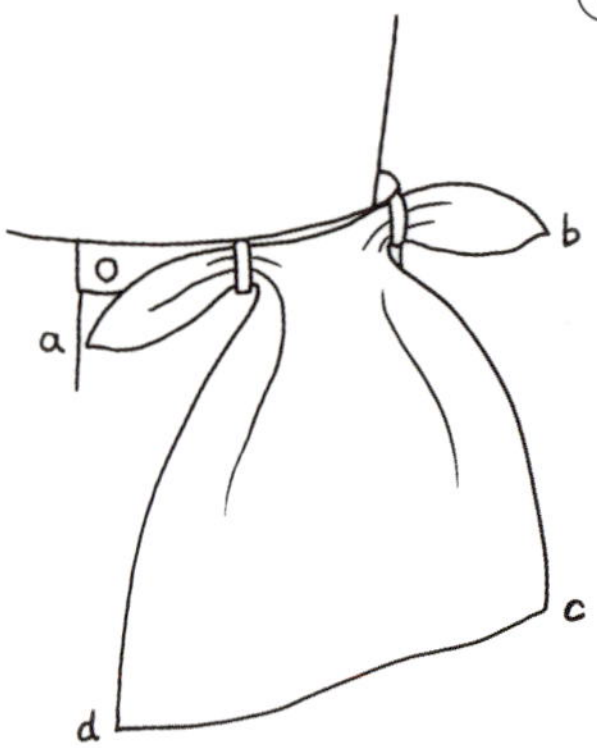

裏が見えるようにして腰に当て、aとbをベルト通しに通します

②

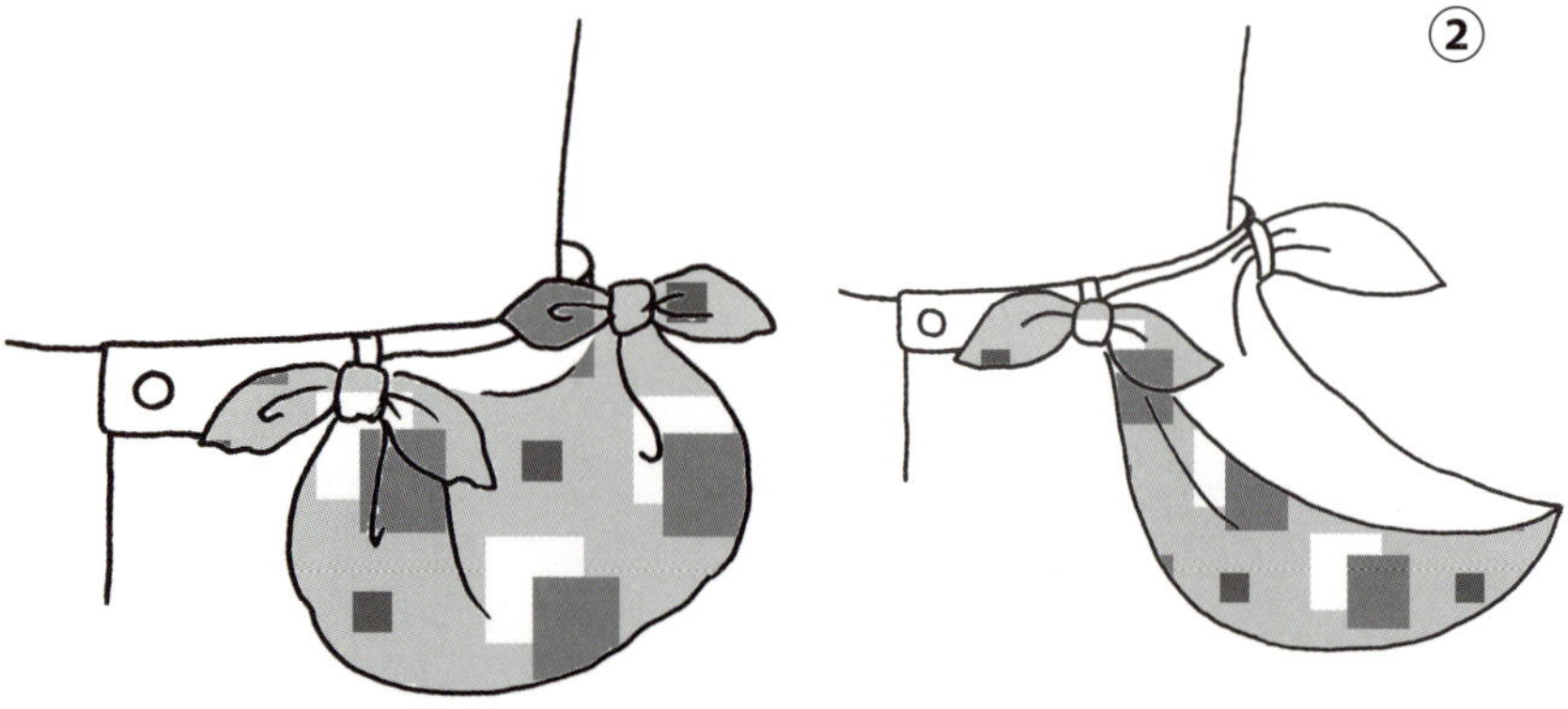

aとd、bとc、それぞれを真結びします。口が開きすぎないように大きめに結びましょう

2 布を飾る

自然に寄り添い、四季の微妙な移ろいも敏感に感じとってきた日本人。自然との距離が少し離れてしまった現代のまちの暮らしの中だからこそ、意識してインテリアに季節感を取り入れたい。布で季節感を表現してみませんか。

【手ぬぐいを飾る】

手ぬぐいは、長方形のただの布。端が切りっぱなしなのは、すぐに乾くように。そして、簡単に裂いて下駄の鼻緒の補修や包帯代わりに使うためとか。そんなシンプルなつくりの手ぬぐいも使い方はいろいろで、暮らしに欠かせない布のひとつです。

手拭き、汗拭き、頭に巻いたり、首に巻いたり。おしぼり、ランチョンマット、食器拭き、食器棚に敷くのもいいですね。着物で食事のときは汚れないよう帯に挟んで膝掛けに。半襟にしても気軽に洗えて便利です。そして、お気に入りの季節柄があれば、タペストリーにして飾ってみてはいかがでしょう。

手ぬぐい用の額縁も販売されていますが、結構高いので、手ぬぐいを挟んで提げるタペストリー棒を利用したり、ハンガーにクリップでとめてもいいですね。

アンティークの木製ハンガーに木製洗濯ばさみでとめて

リビングの壁にユニークな手ぬぐいを飾る
(36 ㎝× 91 ㎝)

季節ごとに
手ぬぐいを替えるのが
楽しみ

干支の手ぬぐいを飾る

【ふろしきを飾る】

モノを運んだり、ラッピングしたり、収納したりと、結べば用具になるふろしきですが、1枚の布のまま飾っても、部屋の雰囲気が変わっていいでしょう。古典的な花鳥風月、季節の柄、江戸時代に流行したなぞなぞを表す「判じ模様」もおもしろい。ただ壁に飾るだけでなく、クッションに巻いたり、ソファーに掛けたり、テーブル掛けにしてもおしゃれです。

「鯉の滝のぼり」。滝をのぼった鯉は竜になるという中国の登竜門伝説に基づき、男児の立身出世を願う柄。端午の節句に飾るといいでしょう

お月見の季節に

クリスマスに

「鎌」の絵の下に「輪」が描かれ、その下にひらがなの「ぬ」と書いて何と読む？ 「かまわぬ」という江戸時代に流行したなぞなぞである「判じ模様」のふろしきをテーブル掛けとして活用

【ふろしきリース】

太さ3㎜程度のクラフトワイヤーやクリーニングの針金ハンガーで輪をつくり、ふろしきを巻きつければリースのできあがり。季節によって色や柄を選びましょう。季節感のある小物を付けてアレンジを。

お正月／赤と白の 45cm 幅のふろしきを左右にまいて…。
左側は格上なので、白は左に

夏／ 68cm 幅のふろしき 1 枚を芯にまいて…。涼しげな色のふろしきを選びましょう

クリスマス／赤と緑の 45cm 幅のふろしきを左右にまいて…

資料提供：ふろしき研究会

【作り方】68㎝幅ふろしき1枚（ポリエステルなど）、直径18㎝くらいの輪の場合

①

ふろしきを8分の1に折り畳みます

②

③

④

折り畳んだふろしきの真ん中を芯になる輪にかけ、輪の半分に巻きつけます

⑤

残りの半分も輪の反対側に巻きつけ、真結びします。結んだ方を上にし、好みで飾りをつけます

【作り方】 45㎝・50㎝幅ふろしき2枚（ポリエステルなど）、直径12㎝くらいの輪の場合

①〜③

2枚のふろしきを75ページと同様に折り畳みます

④

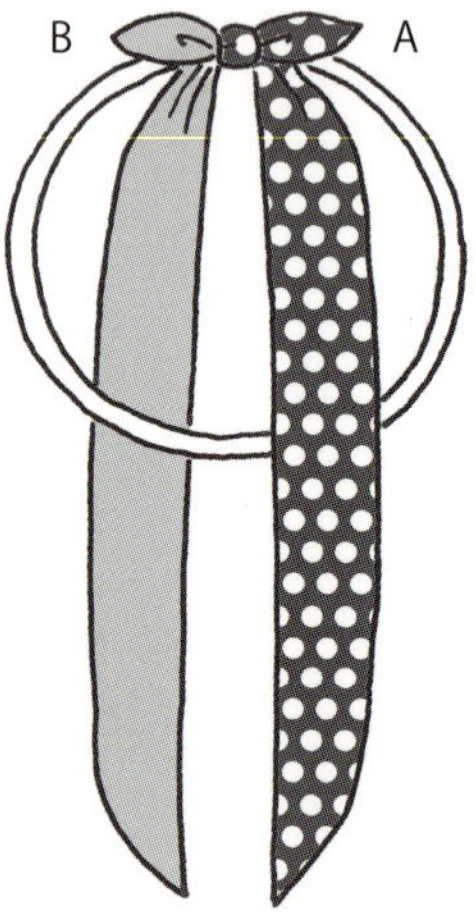

2枚のふろしきの端を真結びして、輪にかけます

⑤

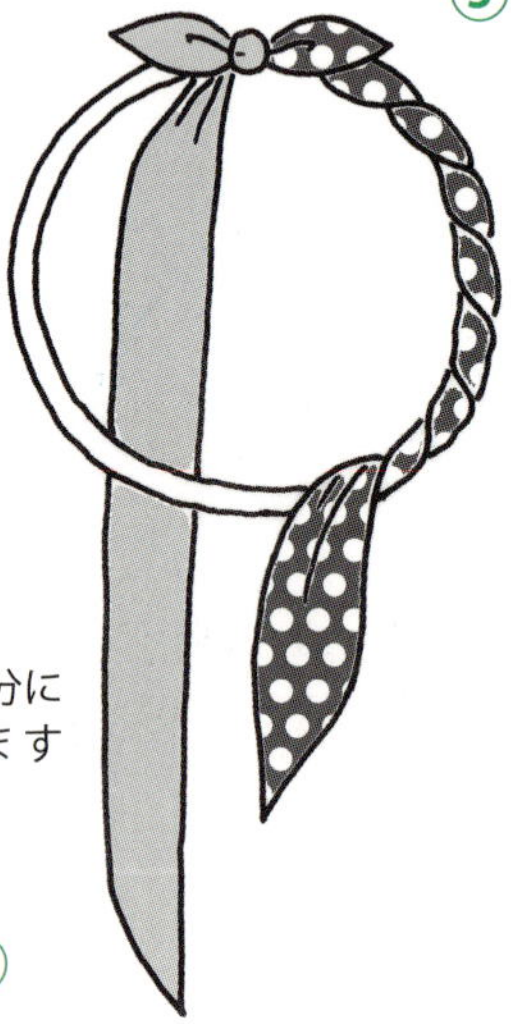

Aを輪の半分に巻き付けます（時計回り）

⑥

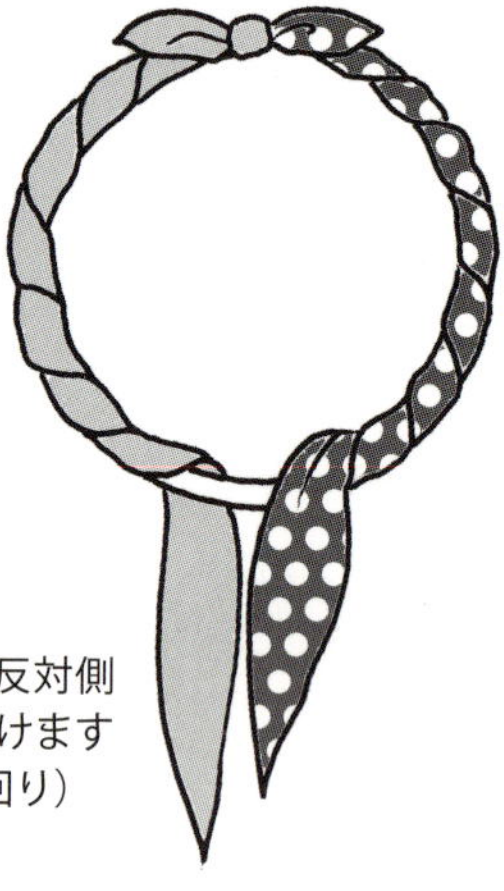

Bも輪の反対側に巻き付けます（反時計回り）

⑦

ふろしきAとBの先を輪の下で真結びします

【昔着物・帯を飾る】

名古屋市千種区覚王山にあるお気に入りのカフェには、いつも粋な着物が飾ってあります。お店をオープンする直前に亡くなった店主のお母さんの形見だとか。毎月、飾られる着物は衣替えし、店主の祖母の誕生月の12月には、祖母の大正時代の花嫁衣装が飾られます。親戚を回り、何人もの花嫁さんが袖を通した衣装が、今はお店を飾っています。

思い出が染み込んだ着物とおいしいコーヒー、若い男性店主の手作りデザート。着物談義も弾み、やさしい時間が流れます。

ひと昔前の着物は小さすぎたり、帯も短かすぎて使えない場合があります。でもほどくにはもったいないほど美しい柄や仕立てのものは、そのまま飾って楽しみましょう。

なかなか締める機会のない丸帯にも、ため息が出るような刺繍の帯がたくさんあります。普段出すのはもったいないと、しまいっぱなしになって忘れられている帯も、新鮮な空気に触れると喜ぶことでしょう。

（本書11ページ参照）

お店に入ってすぐに出迎えてくれる着物

お店には、祖母から譲り受けた古い家具も。伊勢湾台風の被害を免れて残ったたんすだとか。糸で巻いて修理した金具もそのままに。時代を経て、飴色の艶を出すたんすの上は、着物の端切れで飾ってある

＊ Coffee Break「Eighty Seven」
名古屋市千種区末盛通 1-17　中久木ビル 1F（地下鉄「覚王山」駅 2 番出口の西隣）
TEL. 052-761-6987　営業時間：9 時～ 20 時
定休日：金曜日（21 日、祝日は営業）
http://www.ab.auone-net.jp/~coffee87/

【コラム】おばあちゃんの布がたり④

吉祥文様

子どもたちが唐草模様のふろしきを見ると、「泥棒のふろしきだ！」とよく言います。ほんとは、とてもおめでたい吉祥文様なのにね。唐草は、ツタがデザインされたもの。四方八方に途切れることなく伸びていくので、延命長寿や繁栄などを願い、結納や婚礼道具を包むふろしきとして普及しました。ひと昔前には多くの家に婚礼布団を包んだ唐草の大ぶろしきがありましたよ。どの家にも唐草のふろしきがあったので、泥棒が手ぶらで盗みに入り、まずは唐草のふろしきをたんすから探し出し、それに盗んだものを入れて背負ったというところから、「唐草のふろしき」＝「泥棒」のイメージが生まれたともいわれています。

最近では少なくなりましたが、おむつやおくるみ、子どもの着物などの柄に見られる「麻の葉」も吉祥文様。麻がすくすくと育つことから、子どもの健やかな成長への願いが託されています。

婚礼に使われる吉祥文様には、ほかにも、夫婦和合を願う貝桶やおしどり、長寿を願う熨斗《のし》や鶴亀、福徳招来《ふくとくしょうらい》を願う宝尽くしなどがあり、嫁ぐ娘を思う親の限りない愛情を感じることができます。１枚のふろしきにはたくさんの物語があるんですね。

唐草と麻の葉の文様

4

布が生まれ変わる

布をくり回して大切に使ってきた先人たち。着物として着られなくなったら、ほどいて布に戻し、座布団や布団、ふろしき、さらに細かくして端切れで小物を作ったり。布として使えないほど傷んだら、裂き織りで新たな布にしたり…。布を愛し、とことん使い切りましょう。

1枚の着物をほどいて、これだけのものができました。

アロハシャツ

のれん

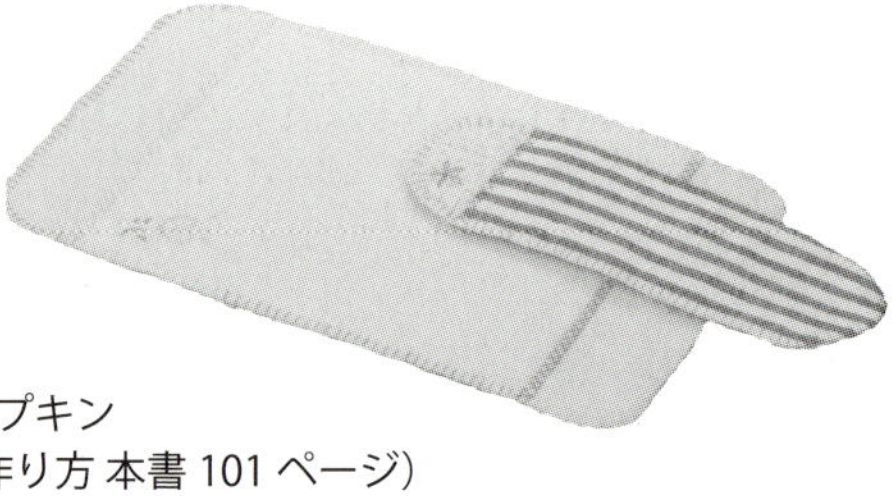

ナプキン
（作り方 本書 101 ページ）

1 ぞうきんの美

●手縫いのぞうきん

毎年、小学校では新年度早々に子どもたちからぞうきんを集めます。古タオルを半分に切って、さらに半分に折り、手縫いでざくざくと縫えば、ミシン縫いより柔らかく仕上がります。手縫いの数少ない機会を毎年楽しんでいたのですが、数年前、小学校の教員をしている友人から、「今はみんな〝百均〟のぞうきんだよ。ミシンでさえ今や少数派なのに、手縫いのぞうきんを子どもにもたせる人なんていないよ」とのこと。

ごわごわになり、赤カビのようなものが現れた古タオルは、いつまで使うか迷うところ。でも、ぞうきんにすれば、心おきなく第二の人生、いや〝布生〟を歩んでもらうことができます。子どもの手で絞りやすいような大きさ・分厚さを考えて、ひと針ひと針に子どもの姿を思い浮かべて縫うぞうきん。針仕事をする母の姿は、故郷の原風景とともに、いつも心の底でちろちろ燃えている種火のような存在です。

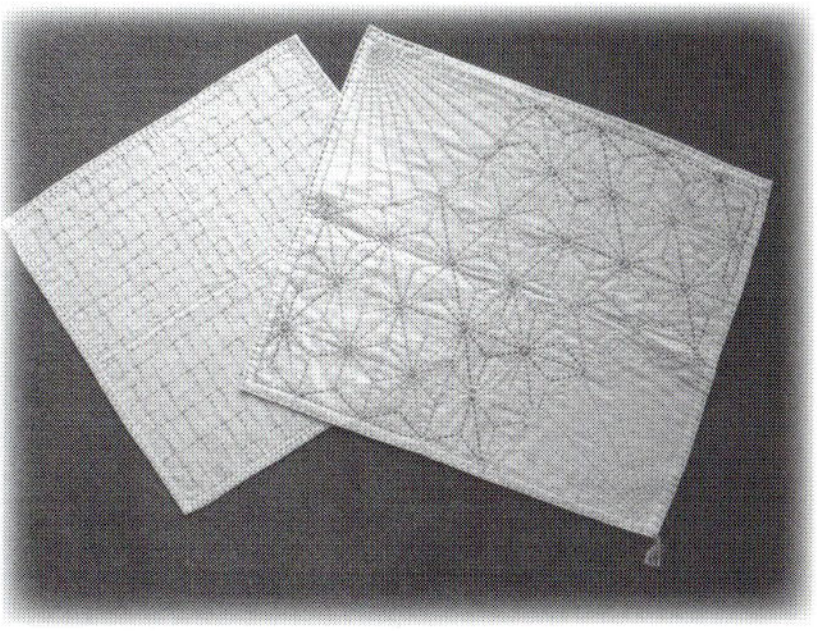
刺し子のふきん

●刺し子

名古屋市内の古い造り酒屋さんを訪れたとき、美しいふきんに目を奪われました。麻の葉、菊刺し、さや型、七宝つなぎなど、さまざまな刺し子の文様。その「花ふきん」の持ち主は、「刺し子は知恵の結晶です。野良着や漁師さんの服の刺し子は、丈夫さと温かさを加える働きもありました。もちろん、芸術としての楽しみも。素材や色は変わっていきますが、文様は永遠なんですよ」と話してくれました。

現在は、織り機で均一に施されたり、プリントされた味気ない刺し子の柄もありますが、手縫いのひと針ひと針に個性がある刺し子は、見た目の温かさとやさしさを醸し出しています。使い込まれた野良着や座布団、ふろしきの刺し子。そこにいろいろな人の暮らしが見えてきます。失いたくない暮らしの芸術ですね。

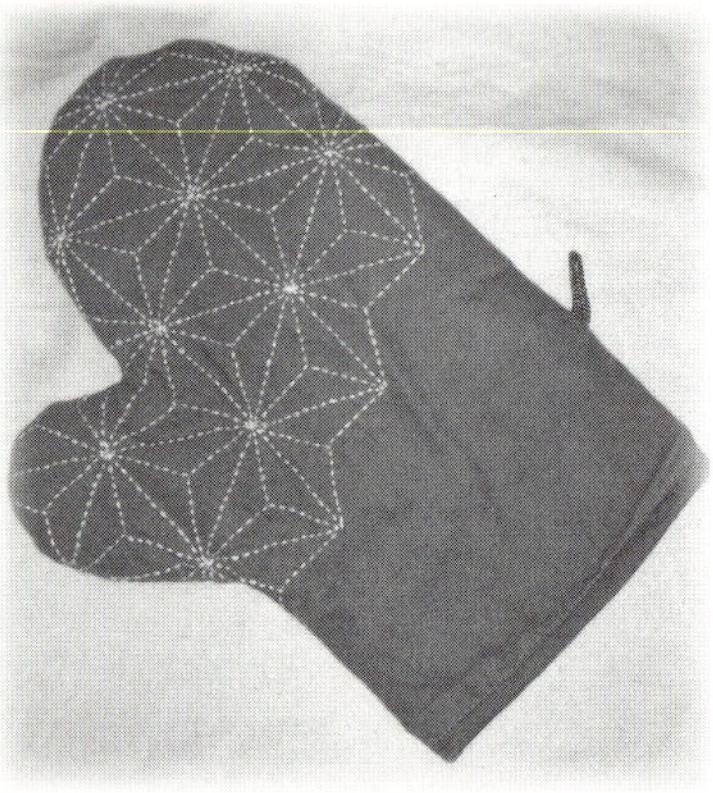

「飛騨さしこ」。飛騨高山の郷土工芸品。山深い飛騨は昔は交通が大変不便で、織物も自給自足。女たちは自分の上着の一部に好みの模様を白糸で縫いつけたという（〔有〕飛騨さしこ／本書109ページ参照）

2 端切れで小物づくり

【アオギリ風コースター】

端切れや古くなった洋服など、ストックしておいた好みの布でコースターを作りましょう。正方形に切って、中表に縫い合わせ、ひっくり返してあき部分をまつれば、それだけでもコースターのできあがり。ここでは、一風変わったアオギリの実に似せたコースターを紹介します。

（写真は本書12ページ）

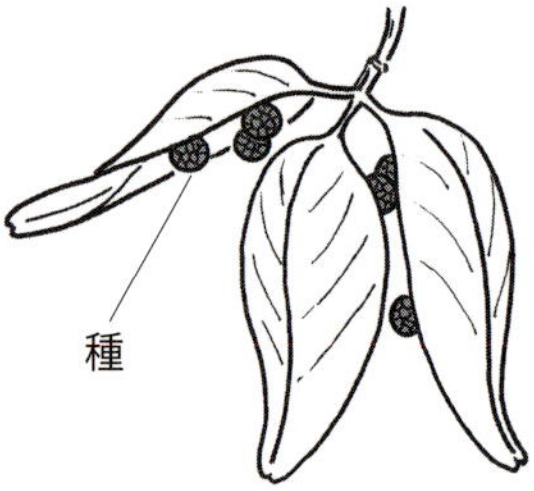

アオギリの袋果。5裂し、縁に種がつく

【材料】

・袋果の部分の端切れ（厚めでもOK）…「10㎝×15㎝＋縫い代分」を2枚
・種の部分の端切れ（薄め）
・接着芯

【作り方】

①

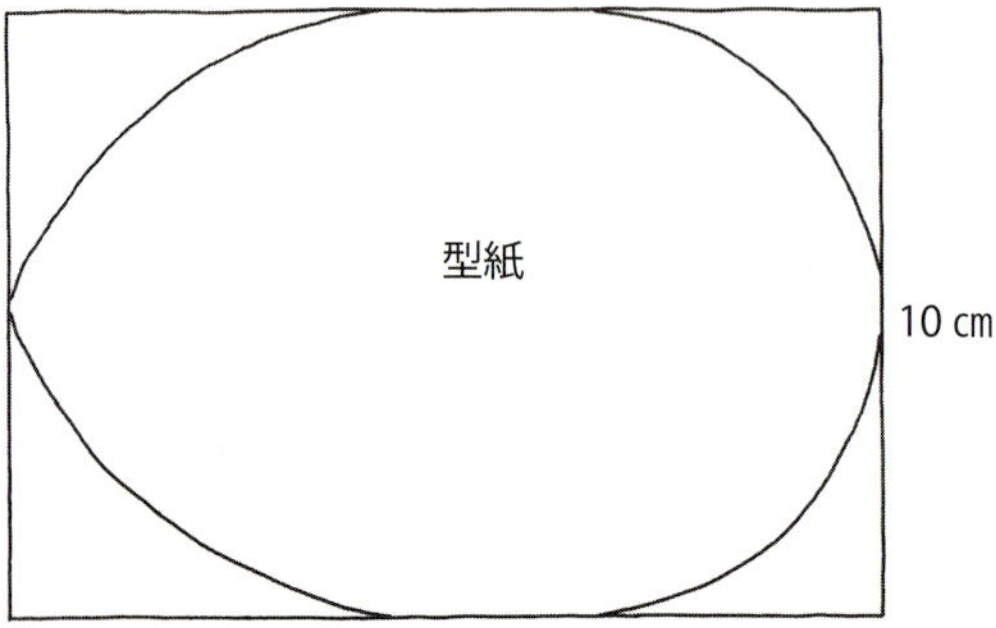

袋果の型紙を作ります。要らないダイレクトメールを使うといいでしょう

②

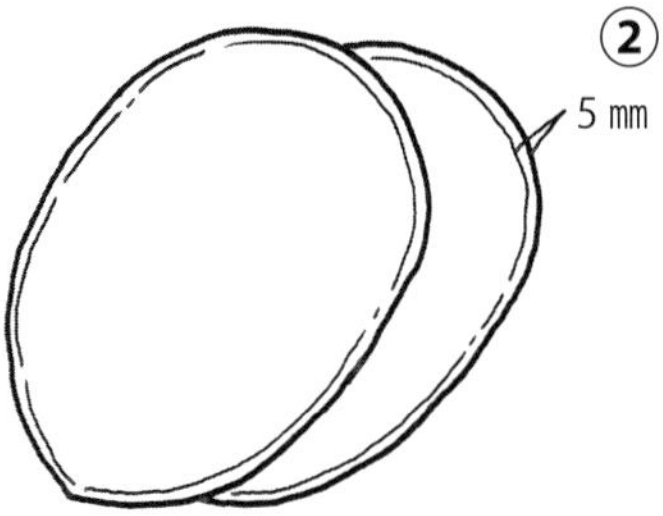
5 ㎜

布の裏側に型紙をうつし、5mm の縫い代をとって裁断します。これを 1 つのコースターに対し 2 枚。裏面に芯を貼ります

③

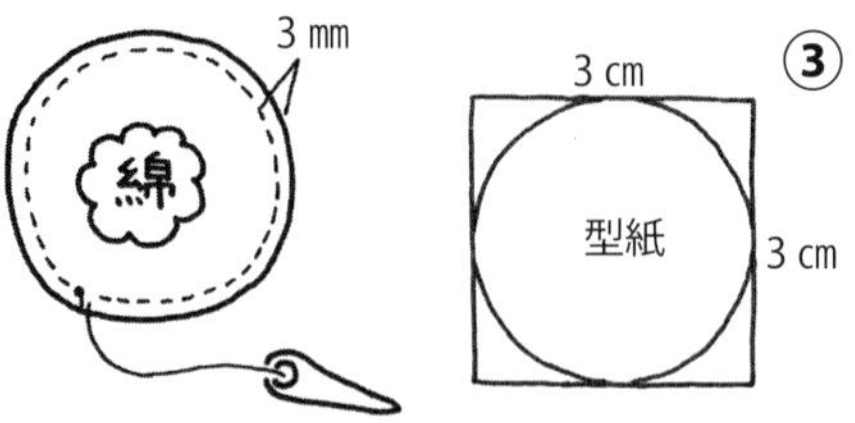
3 ㎜
綿
3 ㎝
型紙
3 ㎝

玉（種）になる部分を作ります

・直径 3cm の円の型紙を作ります
・布の裏側に型紙をうつし、3mm の縫い代をとって裁断します
・印の上をなみ縫いし、中に綿を入れてから絞ります。最後は玉止めします
・これを 1 つのコースターに対し、2 〜 3 個作ります

④

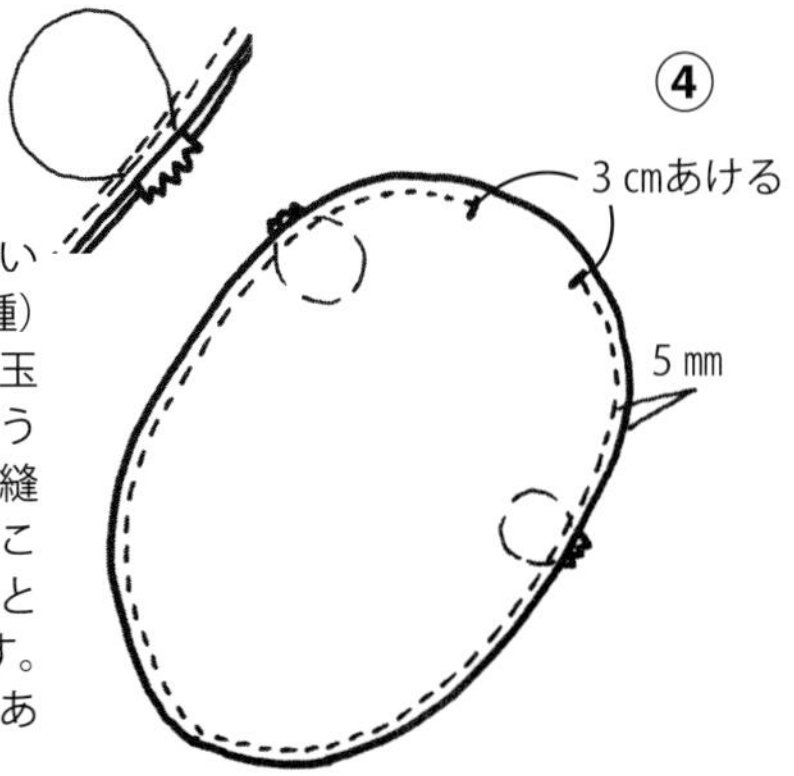
3 ㎝あける
5 ㎜

袋果を中表にして縫います。このとき玉（種）は 2 枚の布の間に、玉の部分が中に入るようにして挟み、一緒に縫いつけます。玉のところだけ、往復で縫うとしっかりとまります。袋果の上部を 3cm あけておきます

⑤

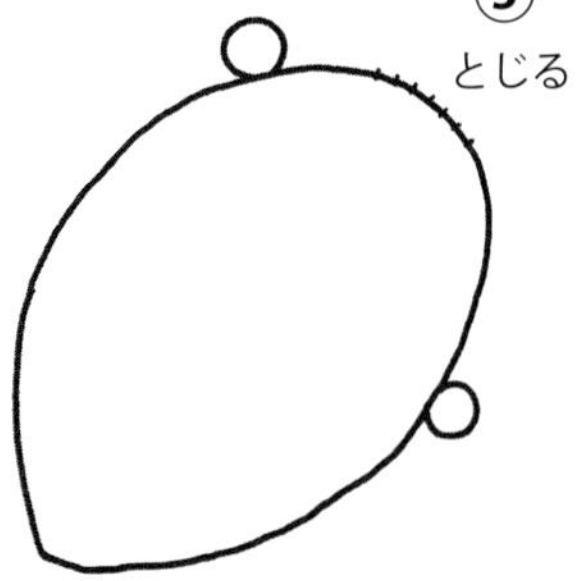
とじる

あいているところから表に返し、とじます

⑥

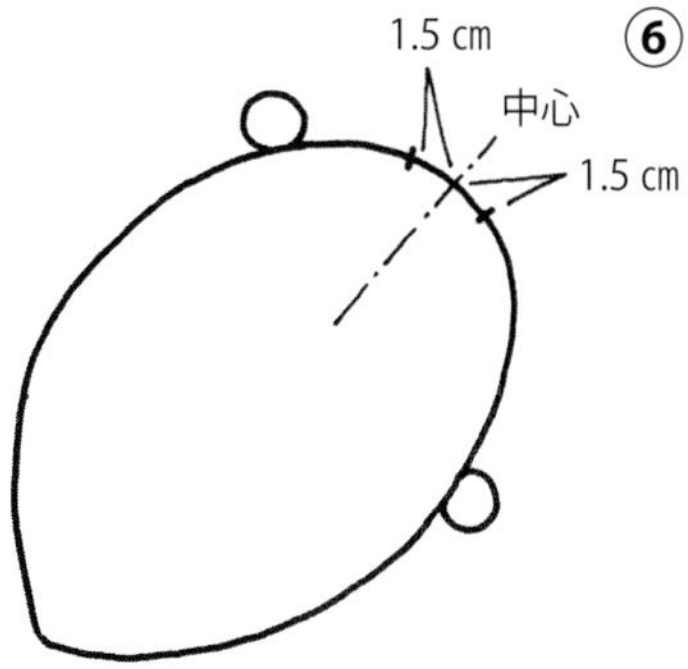
1.5 ㎝
中心
1.5 ㎝

中心から 1.5cm ずつのところを合わせて、1 カ所糸でくくったら、できあがり

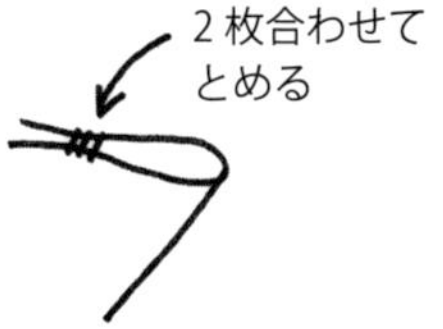
2 枚合わせて
とめる

1.5 ㎝

＊複数枚、作るときは、玉（種）の数（2〜3個）や位置を変えて作ると自然な感じがでます。

【ブックカバー】

ブックカバーも端切れで簡単に作ることができます。表裏の布を変えてリバーシブルにし、2倍楽しみましょう。

【材料】（文庫サイズ）

＊違うサイズが必要な場合は、本のサイズに合わせて作製してください。

・端切れ…「縦16㎝×横34㎝＋縫い代分」を2枚
・接着芯（薄め）…縦17㎝×横35㎝を2枚
・しおり紐（必要に応じて）…25㎝

【作り方】

①

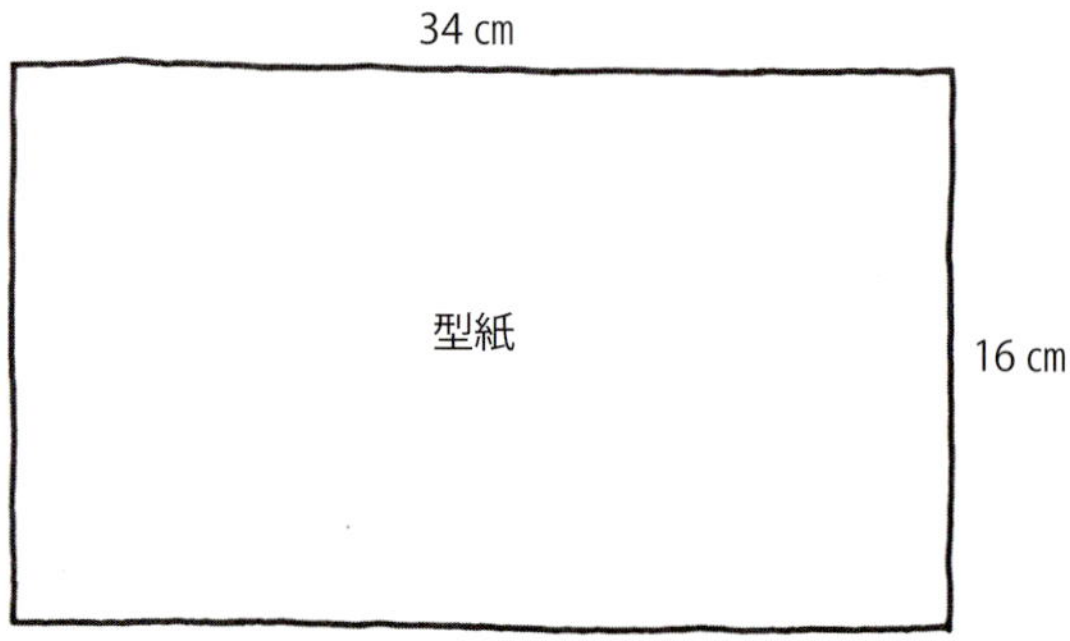

布を裁ちます。同じサイズで2枚用意

・布の裏に、チャコなどで縦16cm×横34cmの印をつけます
＊右記サイズで型紙を作っておけば、複数作るときに便利です。
＊芯を貼っても透けて印が見えるように、チャコなどでしっかり書いておきましょう。
・5㎜の縫い代をとって裁断します

②

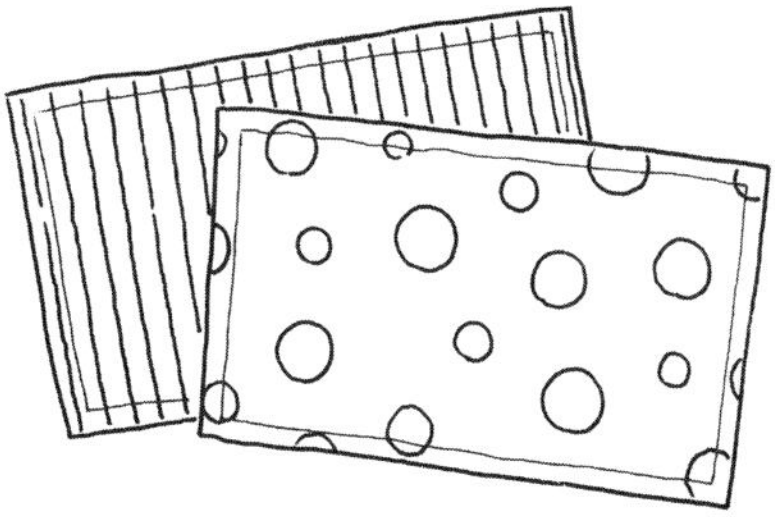

それぞれの布の裏に芯を貼ります

③

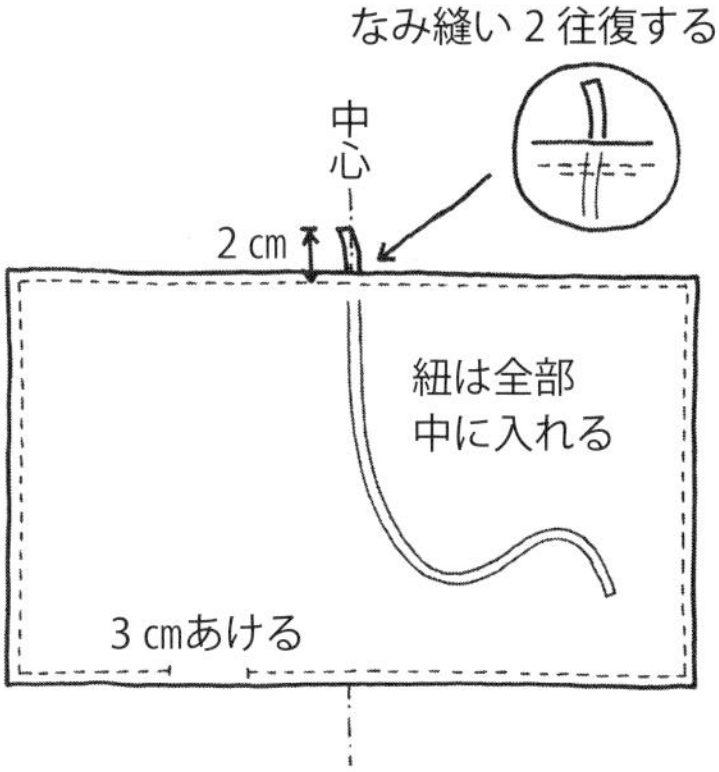
なみ縫い2往復する
中心
2㎝
紐は全部
中に入れる
3㎝あける

2枚を中表に合わせて細かめになみ縫いします。ひっくり返すため、3cmほどあけておきます。しおり紐が欲しい人は、紐（25cm）を用意し、なみ縫いをするときに間に挟み込んで一緒に縫います

④

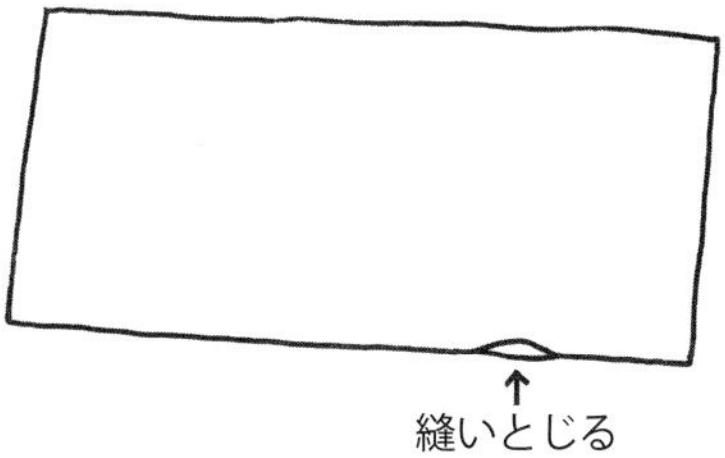
縫いとじる

あいているところから表に返し、縫いとじます。縫った部分が膨らむのでアイロンを当てましょう

⑤

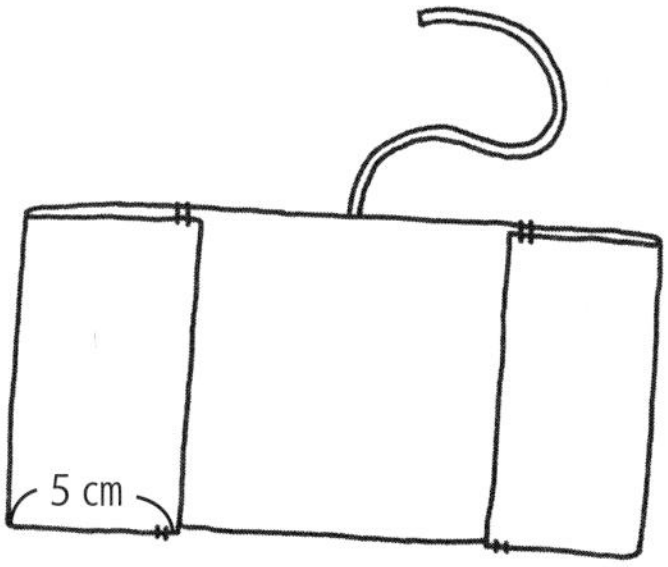
5㎝

端から5cmのところで折り、それぞれ1カ所（頼りないという方は全部でも、複数箇所でもかまいません）縫いとめます

＊本の厚みによって、折る長さを調整。1カ所ずつとめておけば、すぐ直すことができます。

＊リバーシブルで使う場合は特に、縫いとめるときの縫い目は小さめに。きれいにひっくり返せなくなります。

⑥

布の表側にあらかじめアプリケや刺しゅうなどをしておいてもいいですね

できあがり

【花の髪留め】

きれいな色の端切れは、花の髪留めにしてみませんか？　布と花びらを作る糸との色の組み合わせがポイント。花を３つつなげて、かんざし風にしたり、根付けにすることもできます。プレゼントにも喜ばれます。

【材料】

・端切れ（薄めでやわらかい布が最適）
・綿
・花の後ろに付ける布（フェルトが最適）
・ビーズ１個
・髪留めピン

【作り方】

①

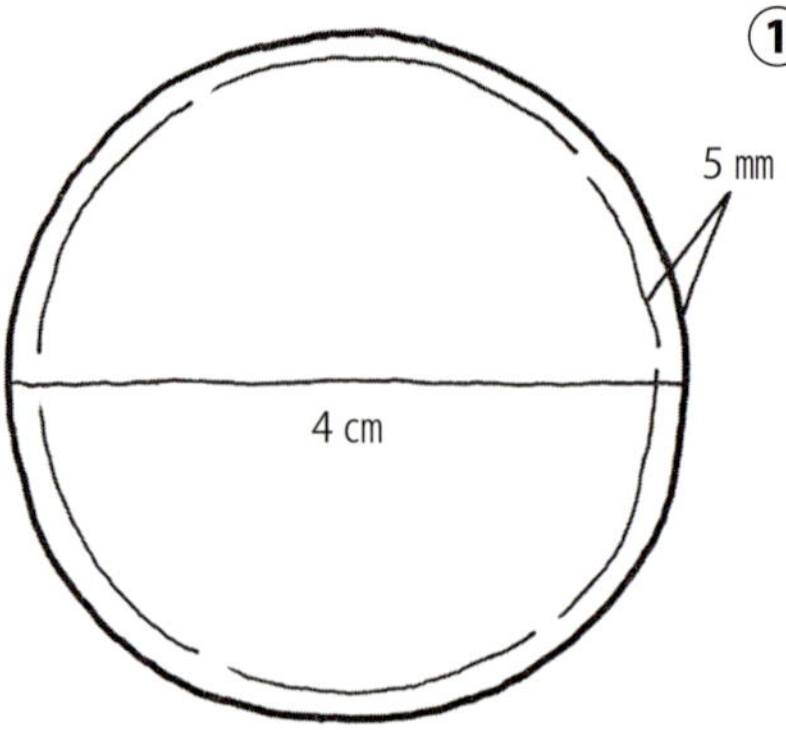

花の部分の布を裁ちます
・布の裏に、チャコなどで直径 4cm の円を書きます
＊上記サイズで型紙を作っておけば、複数作るときに便利です。
・5mm の縫い代をとって裁断します

②

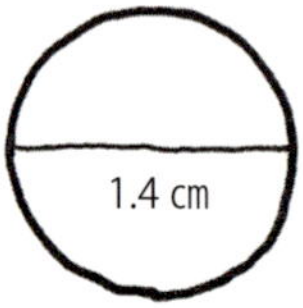

花の後ろに付ける布（フェルト）は、直径 1.4 ㎝の円を書き、裁断します

③

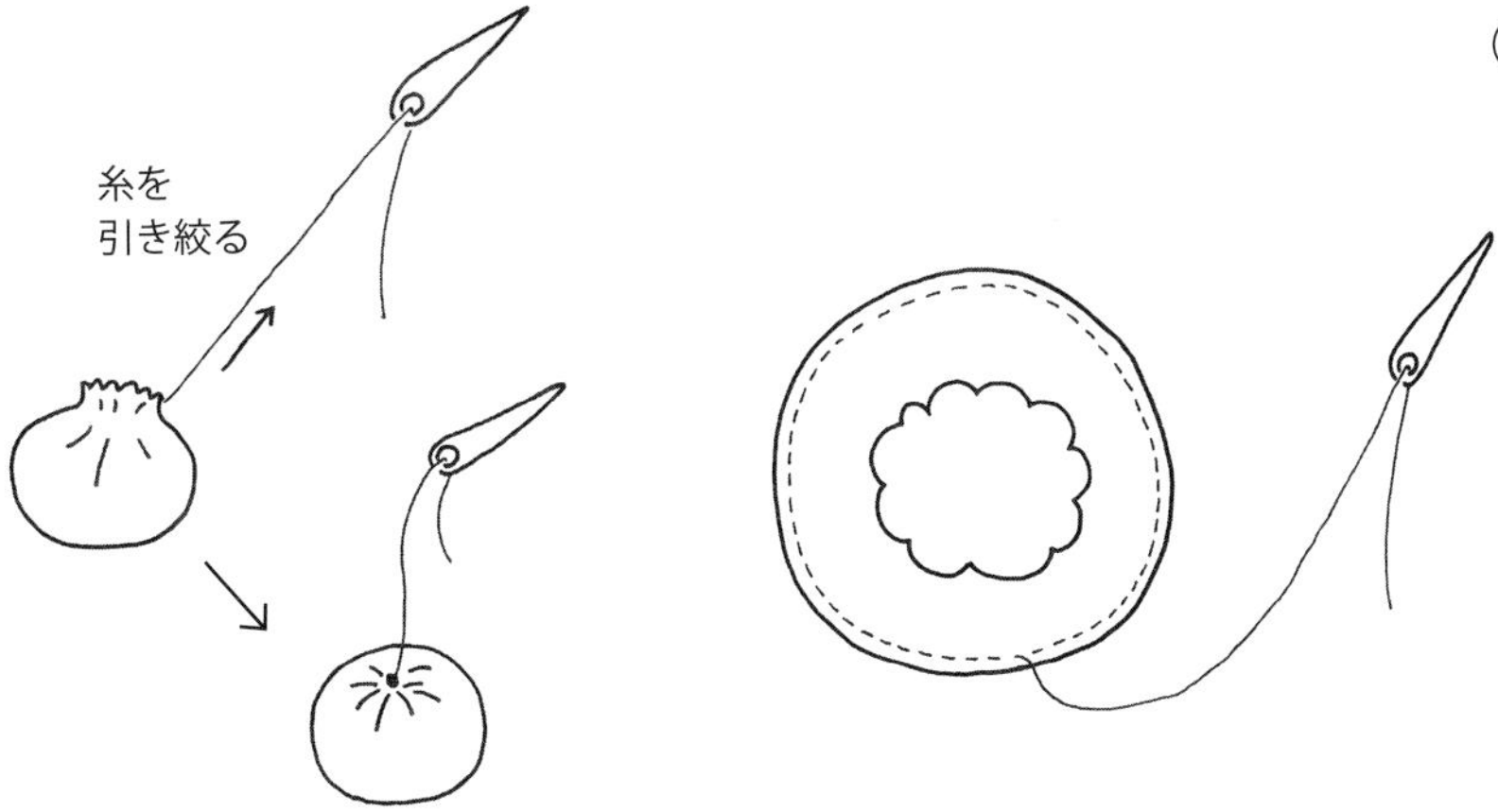

花の形を作ります
・チャコの印の上を細かくなみ縫いします
・ぐるりと１周縫ったら、布の裏の中央当たりに適量の綿を置き、そのままにしてある縫い糸を絞り、綿を包み込んで玉止めします。このとき、縫い代を内側に入れると、後の始末がやりやすくなります

④

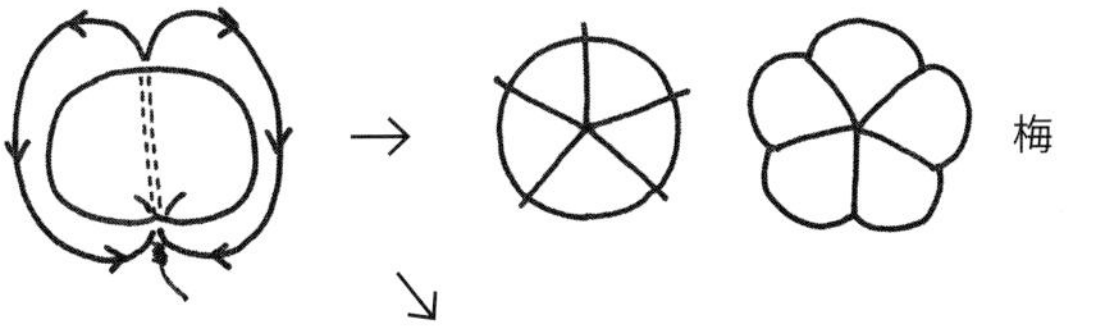

少し太めの糸（細い糸を何本か合わせても OK）で花びらを作ります
・花の裏側の中央から針を刺します
・花の表側の中央から針を抜きます
＊糸をキュッと引くと中の綿が締まり、花びらのようになります。
・また花の裏側の中央から針を刺します
・また表側の中央から針を抜きます。これの繰り返し
＊花びら５枚にすれば梅や桜、８枚にすると菊の花のようです。
・花びらができたら、最後に花の表側の中央から針を抜き、ビーズを１つ通します。そのまま針を今抜いたところに刺し、裏側に抜きます。そこで玉止めしてできあがり

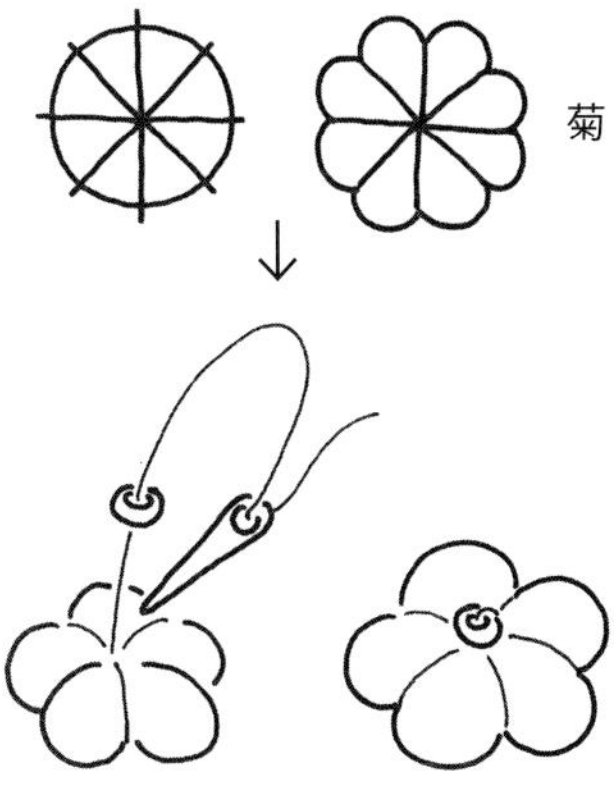

⑤

花にピンを付けます。
ピンの上下を確認し、
ピンの上に花を置きます

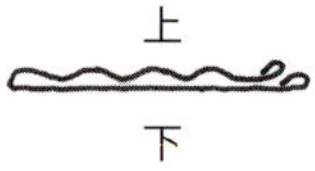

花の裏側とピンの上側を糸でとめます

ピンの上下の間に②のフェルトを挟み、
周囲をまつります

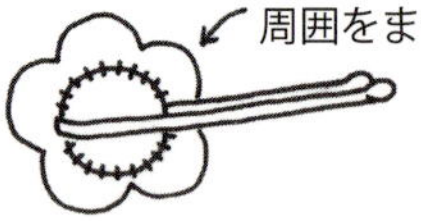

⑥

できあがり
＊ピンを付けずに、帯留めにすることもできます（帯留めの作り方を参照）。

【帯留め】

布で作った帯留めは、やさしい感じがします。オリジナルでいろいろな形に挑戦してみましょう。小さな形なので、布は薄めが適しています。

四つ葉のクローバー

【材料】

・緑色の端切れ
・綿
・ビーズ
・細いワイヤー…10㎝
・帯締めを通す布（フェルトが最適）

【作り方】

①

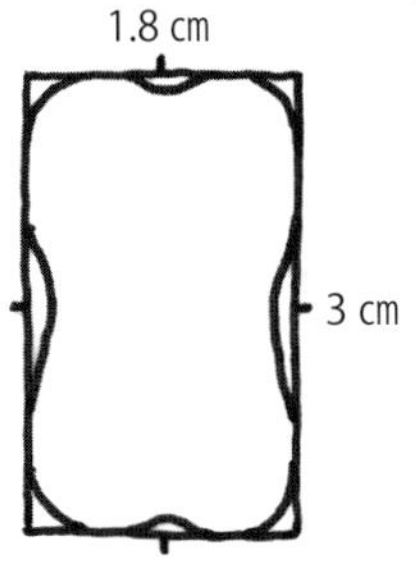
1.8㎝
3㎝

葉の型紙を作ります。要らないダイレクトメールを使うといいでしょう

②

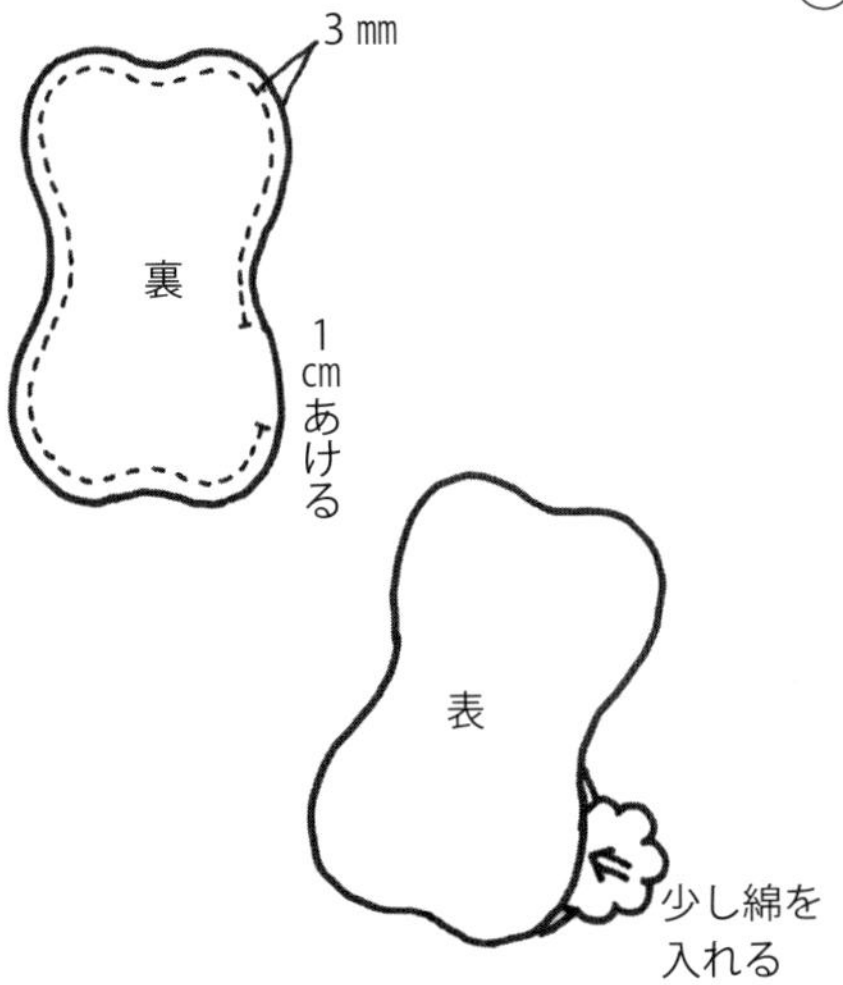
3㎜
裏
1㎝あける
表
少し綿を入れる

布の裏側に型紙をうつし、3mmの縫い代をとって裁断します。これを4枚作ります。

2枚を中表に合わせ、1cmくらいあけてなみ縫い。あいているところから表に返します。そこから葉が少しふっくらする程度の綿を入れ（入れ過ぎはダメ）、とじます。これを2つ作ります

③

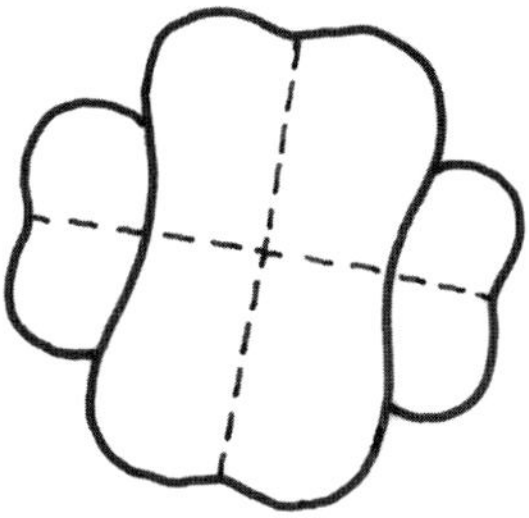

2枚の葉をクロスするように置き、緑の糸で十字にステッチを入れます

④

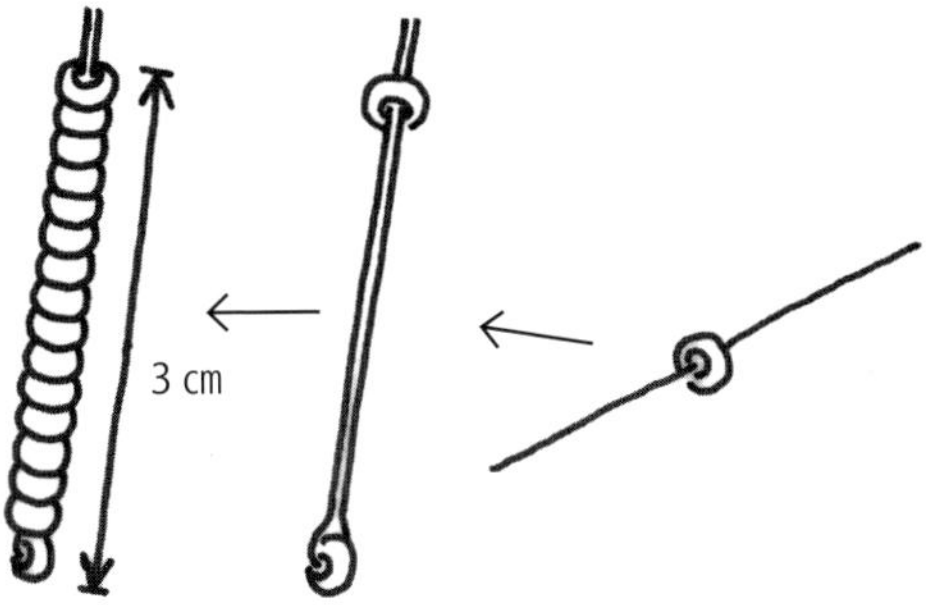
3㎝

ビーズでクローバーの軸を作ります
- 10cmワイヤーにまず1つビーズを通します
- そのビーズを真ん中にしてワイヤーを2つに折ります
- ワイヤーを2本合わせて、長さ3cmになるまでビーズを通します
- 長過ぎたワイヤーは切り、先は1つ下のビーズの穴に2本そろえて差して、できあがり

⑤

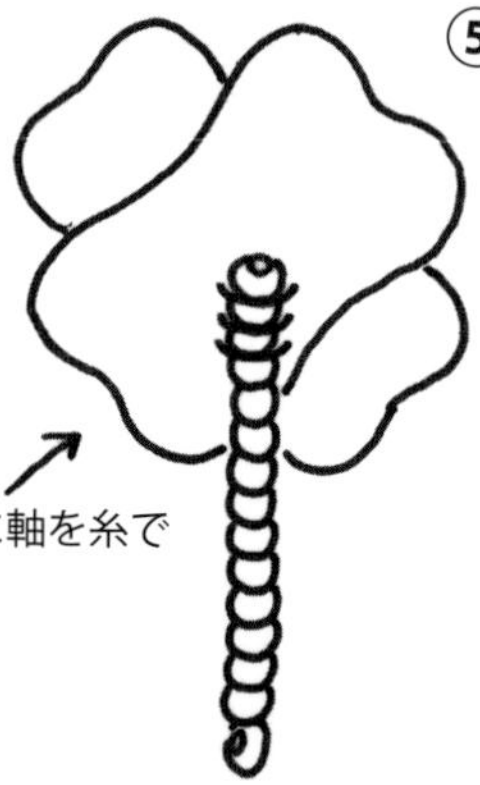
葉の裏側に軸を糸で
とめます

⑥

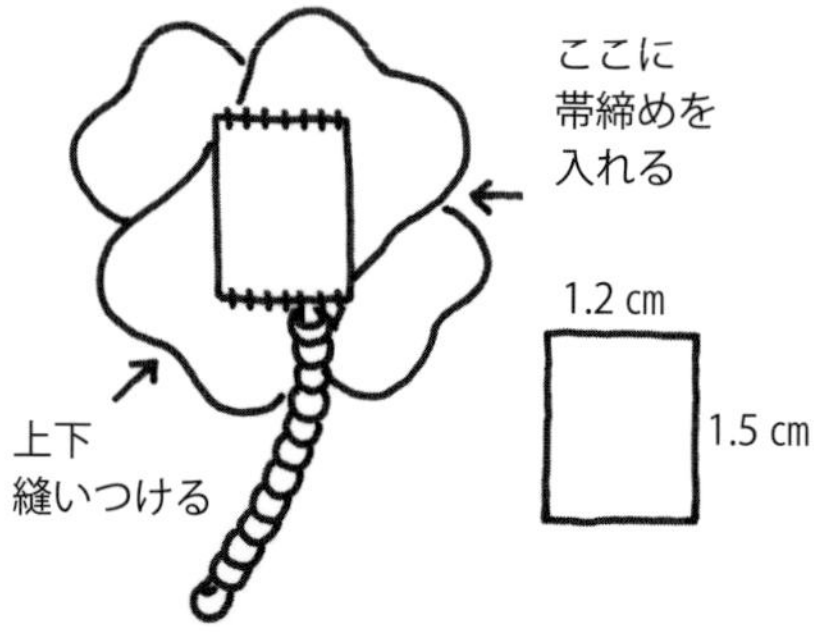
ここに
帯締めを
入れる
1.2 cm
1.5 cm
上下
縫いつける

帯締めを通す布（フェルト）を
裏側にとめて、できあがり

バード

【材料】

・端切れ（鳥の本体と羽）
・綿
・ビーズ1個
・帯締めを通す布（フェルトが最適）

【作り方】

①

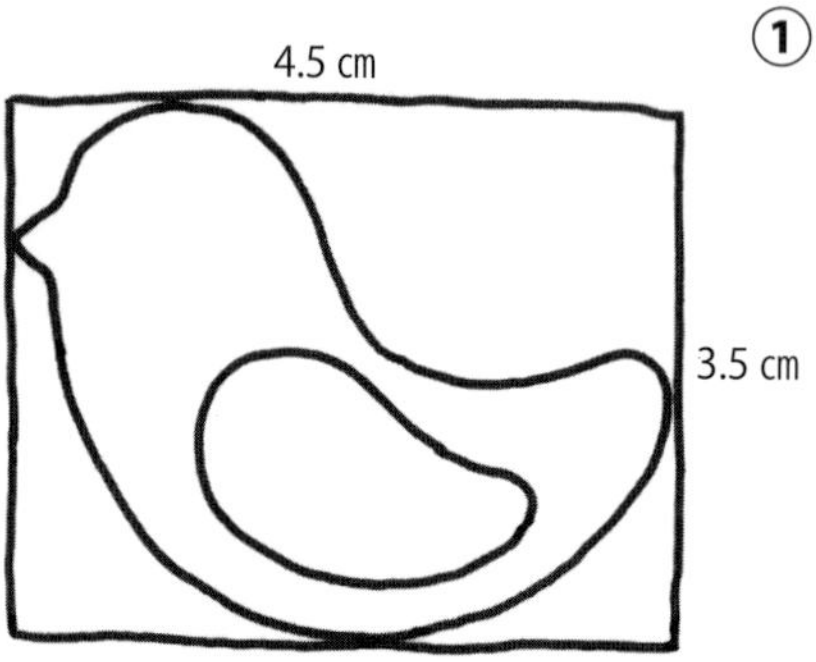
4.5 cm
3.5 cm

鳥の本体と羽の型紙を作ります

②

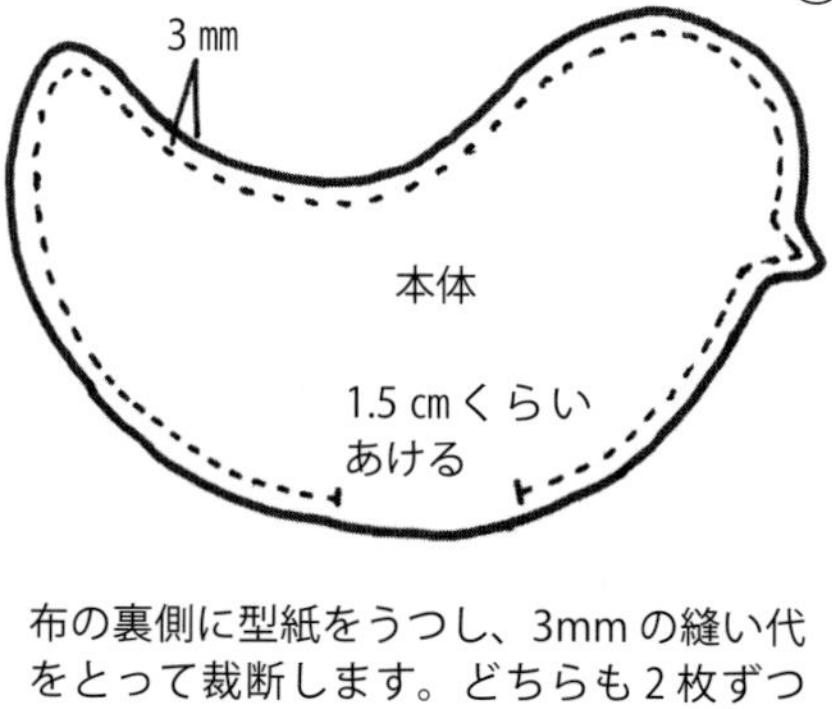
3 mm
本体
1.5 cm くらい
あける

布の裏側に型紙をうつし、3mm の縫い代をとって裁断します。どちらも 2 枚ずつ作ります

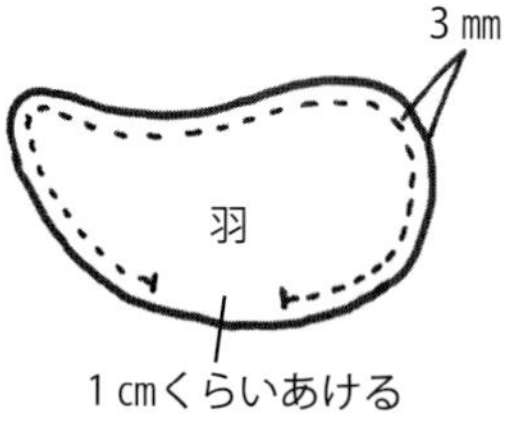
3 mm
羽
1 cmくらいあける

本体、羽、ともに 2 枚を中表に合わせ、1 ～ 1.5cm くらいあけてなみ縫い。あいているところから表に返します

③

あいているところから綿を入れます。本体はパンパンになるまで、羽はふっくらする程度の綿を入れ（入れ過ぎはダメ）、とじます

④

本体に、羽を縫い付けます。目の位置にビーズを縫い付けます

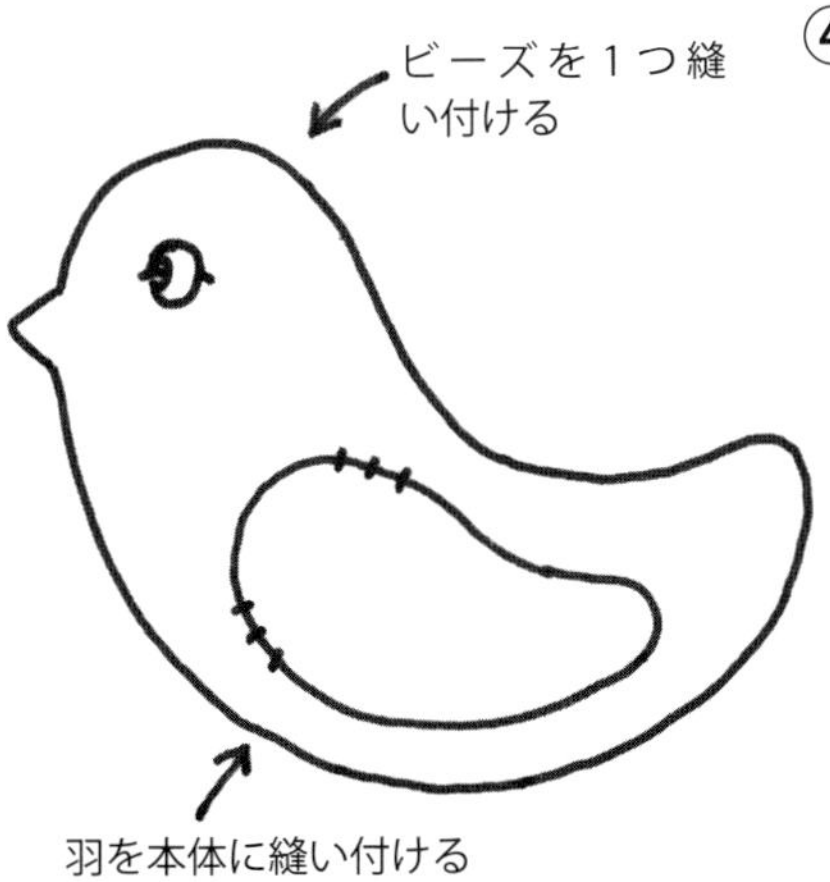
ビーズを１つ縫い付ける
羽を本体に縫い付ける

⑤

帯締めを通す布（フェルト）を裏側にとめて、できあがり

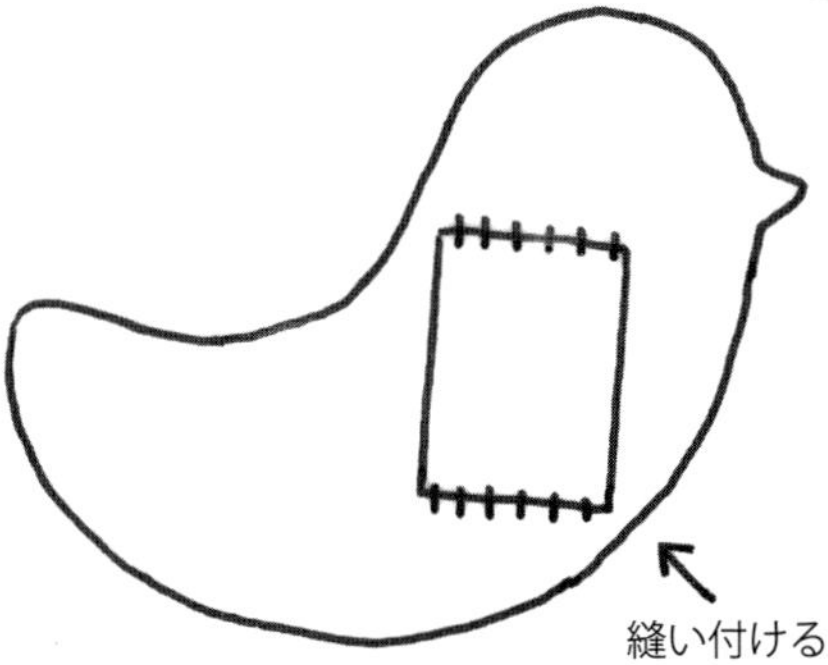
縫い付ける

＊布ではなく、ピンをつければ髪留めにもなります。（髪留めの作り方〔本書 86 ページを参照〕）

【マイ箸袋】

環境問題をめぐる議論の中で、かつて「割り箸論争」というものがありました。「割り箸は森林を破壊して作られている」vs.「割り箸は端材や間伐材を利用しているので、林業を促進する」というもの。しかし、いまや流通している割り箸の90％以上が中国から安価で輸入されていて、しかもその木材は、森林を一斉に伐採する皆伐方式で供給されている（＊）といいますから、この論争も勝負あった！という感じです。特に竹の割り箸は、防かび剤や漂白剤が使われているものもあり、厚生労働省も調査を実施しています。そんないかがわしいものを使うくらいなら、断然、自分の箸を使っておいしく食べた方がいいのではないでしょうか。

現在、割り箸の消費量は一人当たり年間２００膳といわれています。割り箸のリサイクルに取り組んでいる団体もありますが、ほとんどが使い捨てになっている木材。お気に入りの端切れで箸袋を作って、マイ箸を持ち歩きたいものです。

（写真は本書９ページ上）

＊材料はロシア等からの輸入も多く、最近は持続可能な竹の割り箸の生産が急速に伸びてきています。

【材料】

・木綿の端切れ…「縦14㎝×横（箸の長さ×２＋３）㎝」を２枚
・紐…約18㎝
・飾り留め…市販のものでも、手作りしてもよい

考案／藤本志津子

【作り方】

①

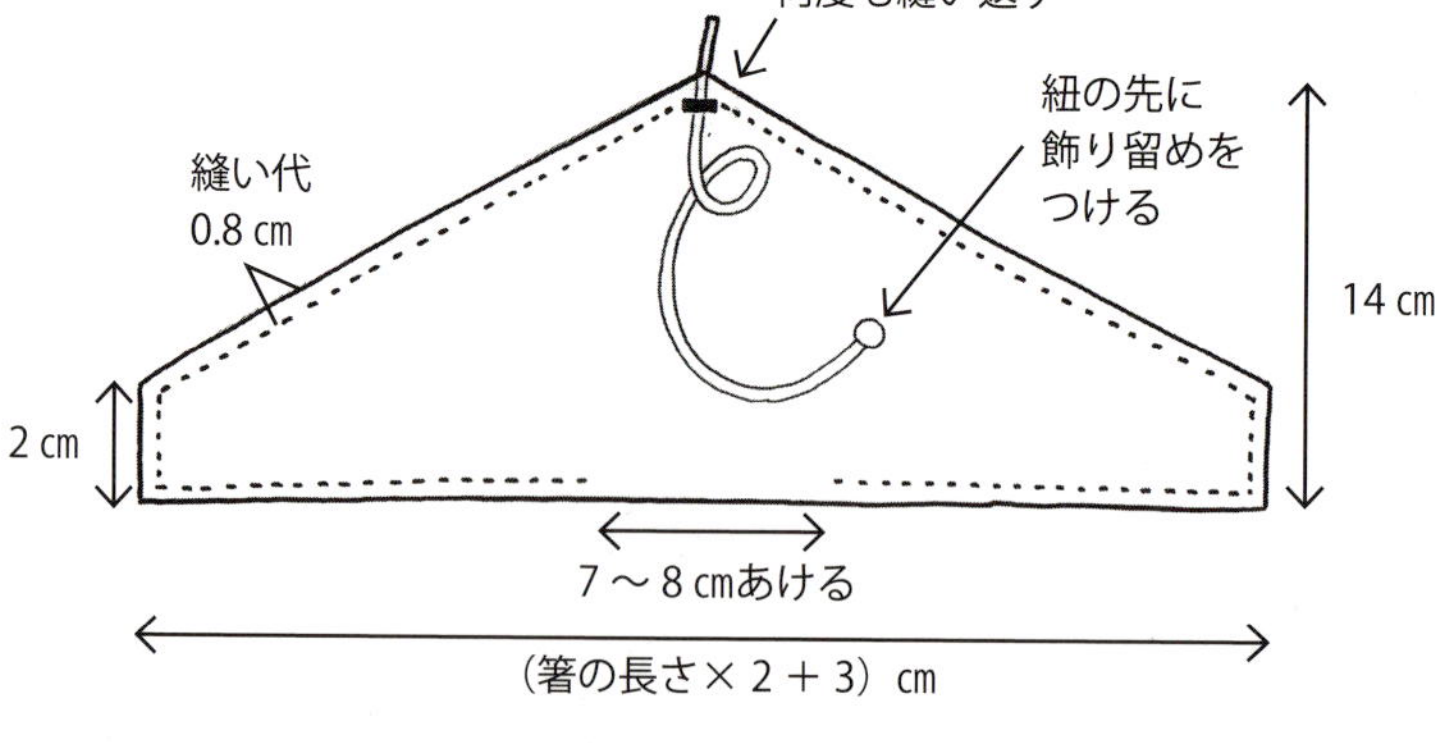
何度も縫い返す
紐の先に飾り留めをつける
縫い代 0.8㎝
14㎝
2㎝
7～8㎝あける
（箸の長さ×２＋３）㎝

2枚を中表に合わせ、間に紐を挟んで、端から0.8cmのところを縫います。ひっくり返すため、底辺の中心7～8cmはあけておきます。紐の部分は取れないように何度も縫い返しましょう

②

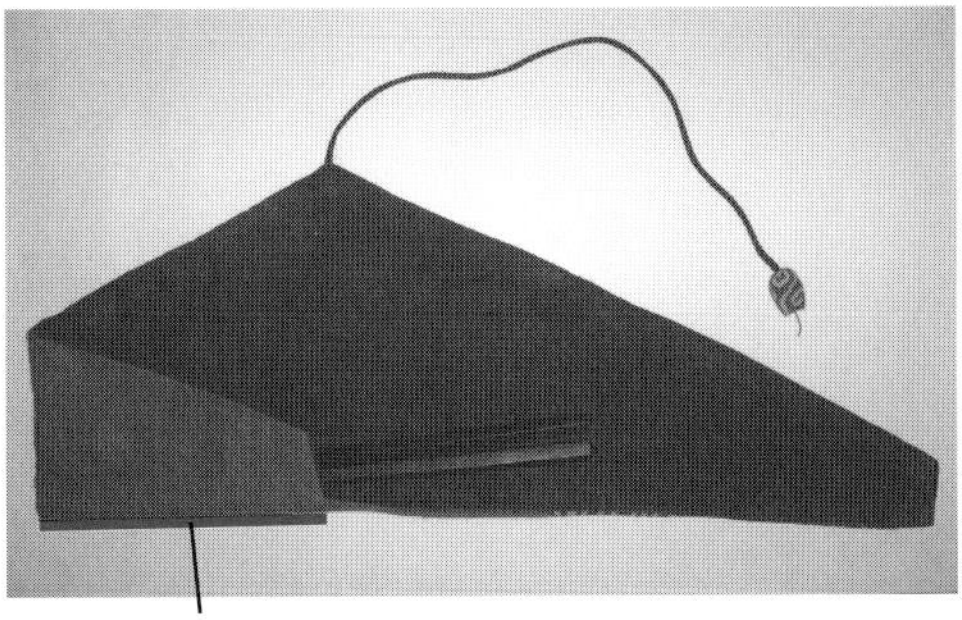

あいているところから表に返し、アイロンで形を整え、あき部分をとじます。片側を折り、底をかがって、できあがり

ここを縫いとめる

【使い方】

①

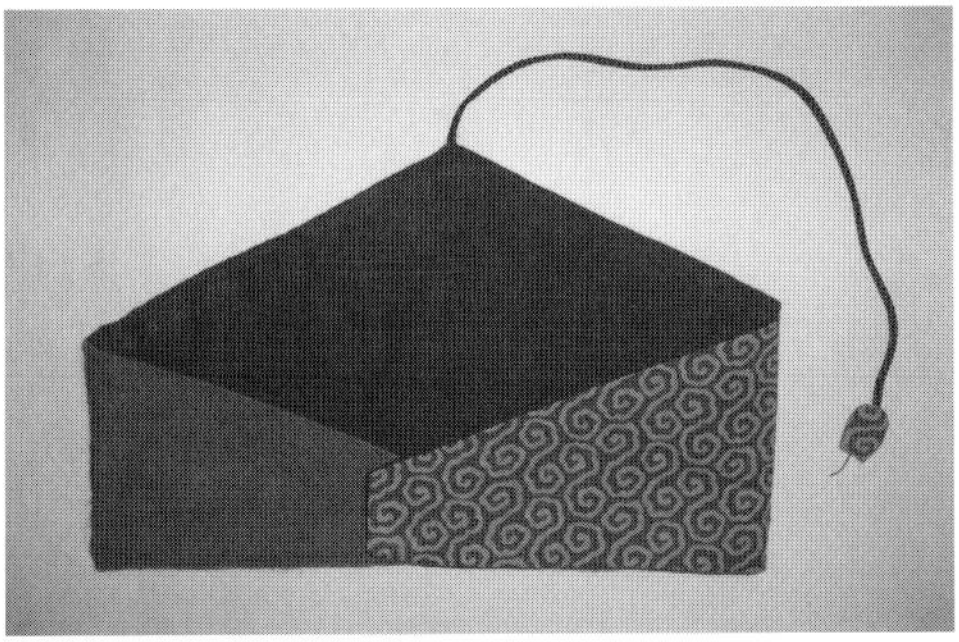

②

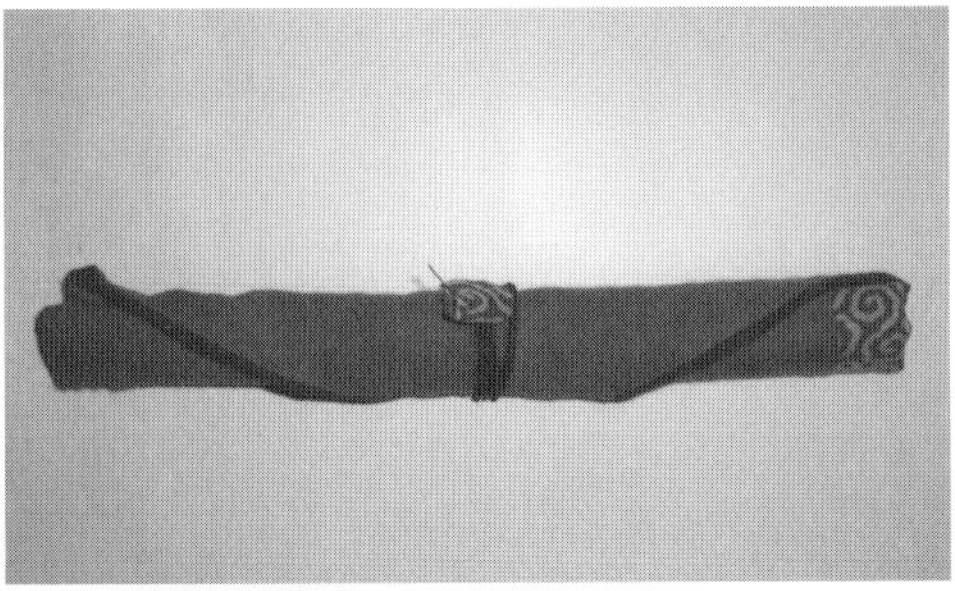

使うときは、もう片方を折り、くるくると箸に巻きつけます。
紐を巻いて、最後は飾り留めを紐に挟んでとめます

【飾り留めを自分で作る場合】

端切れを直径 3.5cm くらいの円に切り、端から少し内側を縫って絞ります。そのとき、紐の端をひとつ結びして、中に入れ込み、口をかがって球状にします

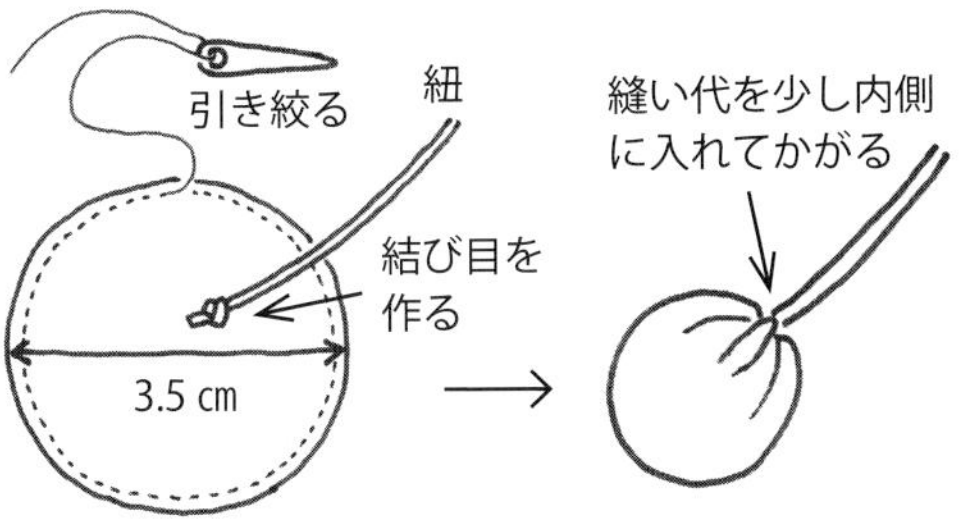
引き絞る
紐
結び目を作る
3.5 cm
縫い代を少し内側に入れてかがる

【たすき紐】

みんなで着物を着て宴会。台所に立つときは、腰紐の端を口に加え、サッと背中で8の字を描く。我ながら、なんてかっこいいんでしょう。その腰紐は、お気に入りのアザミ柄。おばあちゃんが端切れで作ったものです。

昔の人は腰紐を季節ごとに作ったといいます。着物の下に隠れてしまう腰紐ですが、季節の着物に合わせて、自分だけの心のおしゃれを楽しんだのでしょうか。

季節感のある端切れで紐を作り、たすき掛けをしてみませんか？

【たすき掛けのやり方】

①

紐の端を口にくわえます

②

左手で紐の途中を持って、右の袖口をひっかけながら後ろに回し、左肩へ向かって斜めに引き上げます

③

今度は右手に持ち替えて、左の袖口をひっかけながら後ろに回し

④

右肩へ向かって斜めに引き上げ、口に加えていた端と、右肩から回した端を結べばできあがり

⑤

後ろはきれいなバッテンに

【前掛け】

もう着ないけれど、捨てるのはもったいない。そんな着物があったら、前掛けにしてみませんか。好きな長さでチョキンと切ったら、できあがり。裁断した後に布を洗ってから作ると、気持ちいい。前掛けには単衣の着物が適しています。

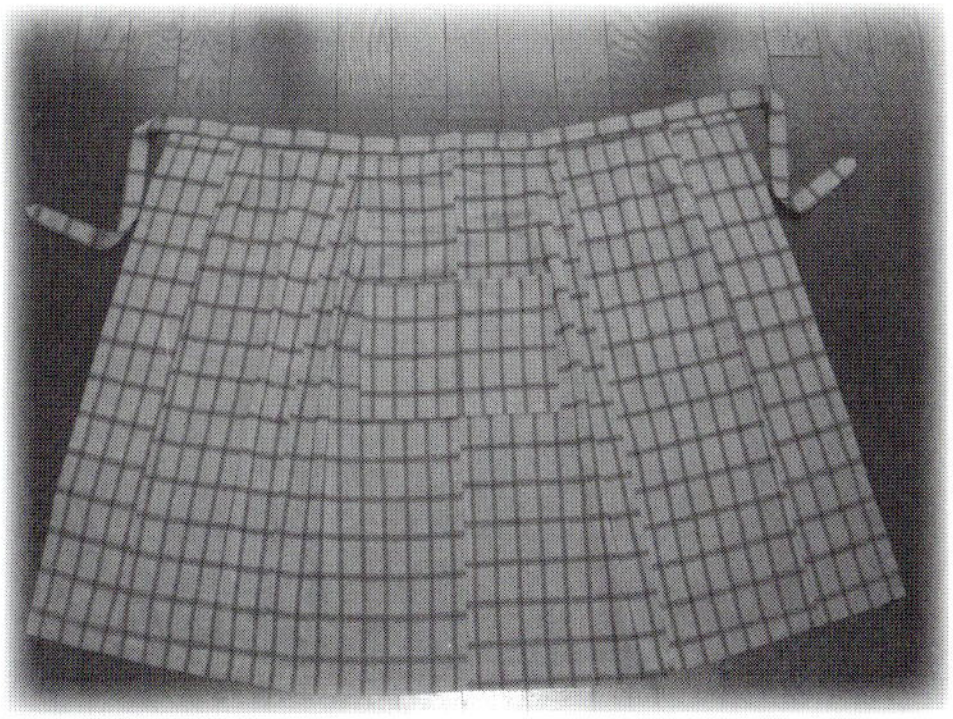

【作り方】

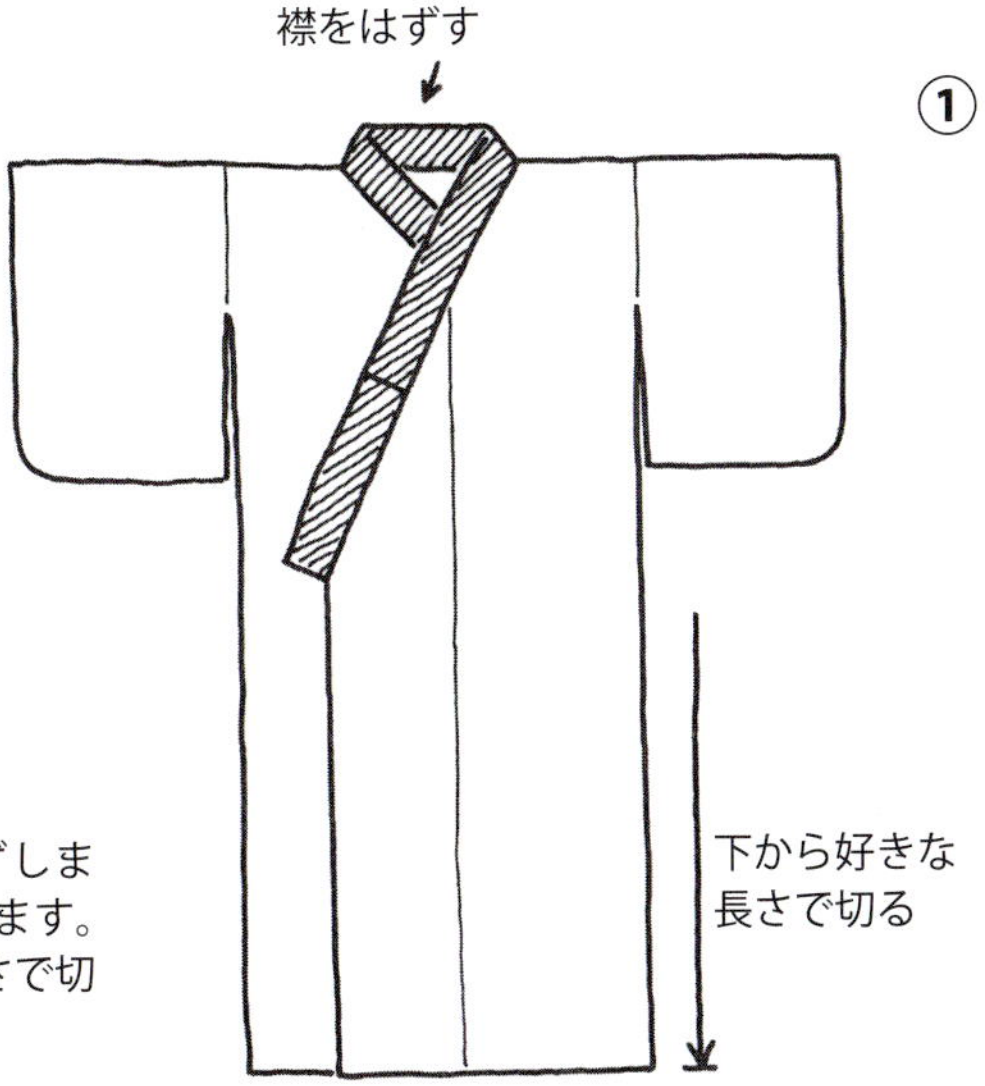
①
襟をはずす
下から好きな長さで切る

着物から襟の部分を全部はずします。襟は後で紐の部分に使います。前掛け部分を裾から好きな長さで切ります

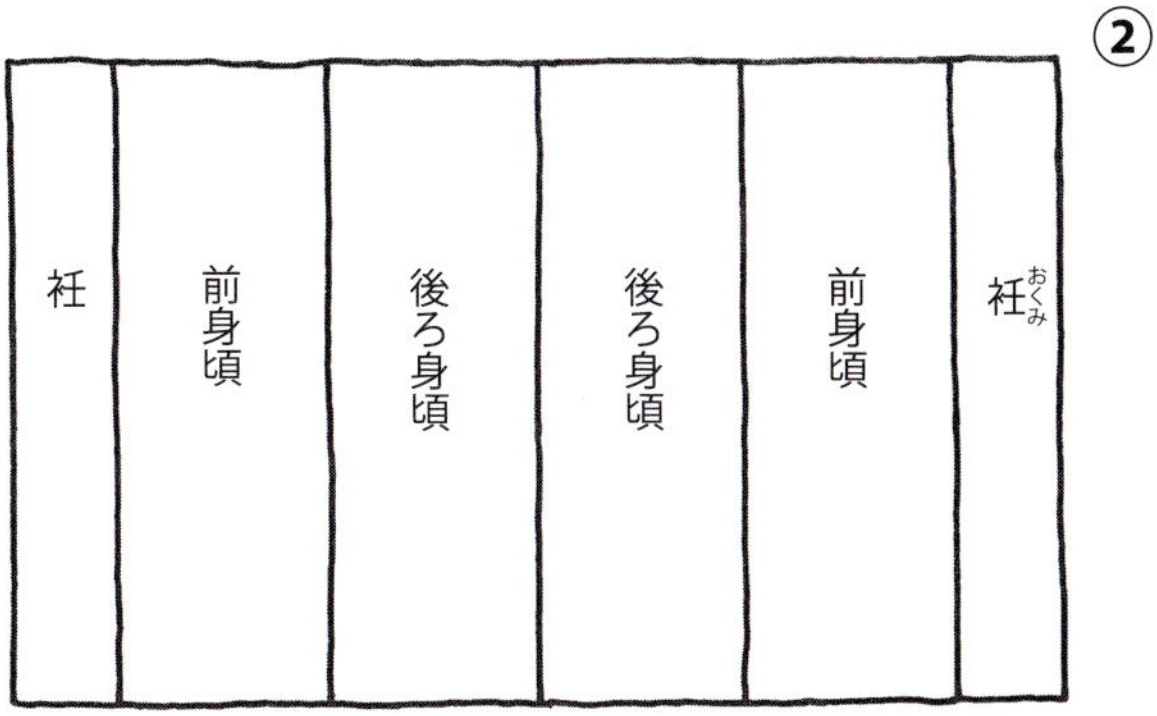
②
衽
前身頃
後ろ身頃
後ろ身頃
前身頃
衽《おくみ》

③

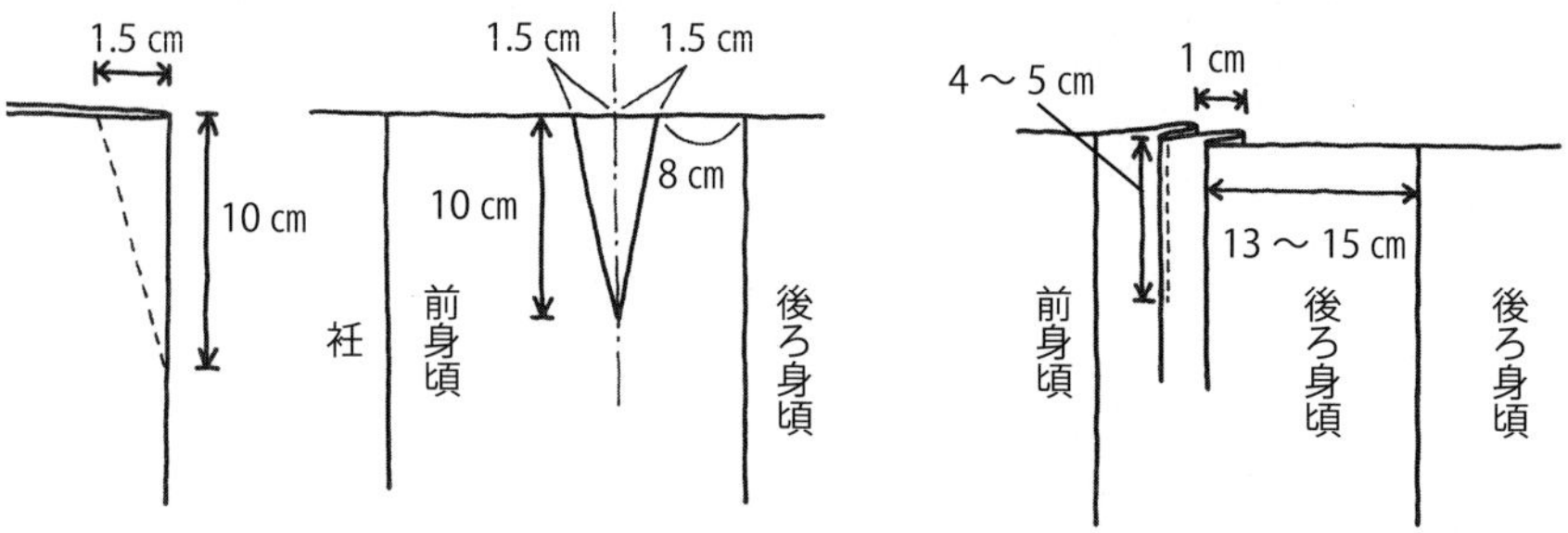

前掛けにヒダとタックをとります。背中心から左右 13 ～ 15cm のところの後ろ身頃に 2 つか 3 つのヒダ（1cm くらい）をとります。後ろ身頃と前身頃の縫い合わせ部分から 8cm のところで 3cm のタックをとります
（面倒な場合は、④～⑦の紐を付けるだけでもかまいません。前掛けとして利用できます）

④

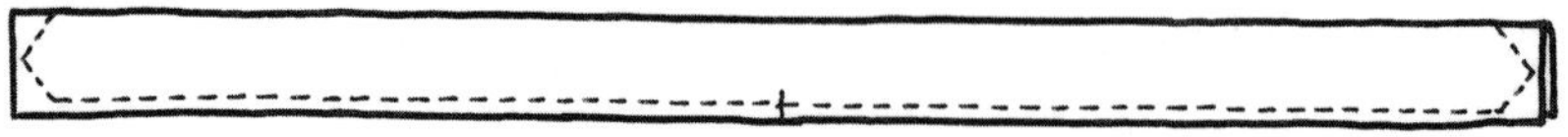

紐になる襟をすべて開き、裏側に芯を貼ります。半分に折り、幅 3 ～ 5cm で印をつけます。中心の印も入れておきます

⑤

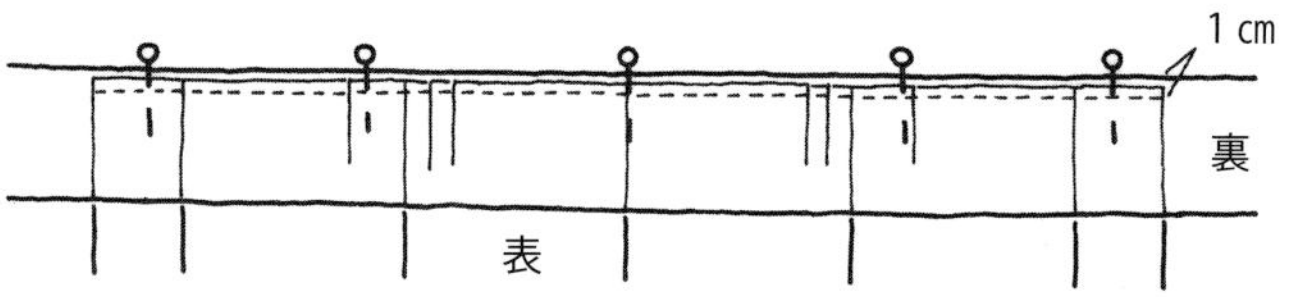

前掛け部分に紐を縫い付けます。紐の中心と前掛けの中心を合わせ、上から 1 cm のところを待ち針で数カ所とめます。前掛け部分だけ、なみ縫いして前掛けに紐を付けます

⑥

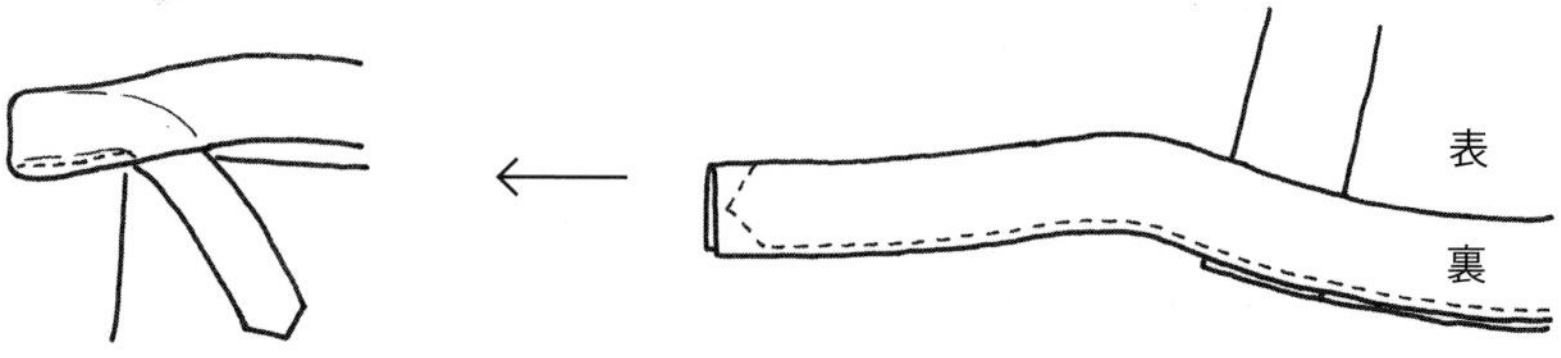

紐の部分を中表にします。紐先は三角にするのがきれいです。前掛けに接する部分まで縫い、あいているところから表に返します

⑦

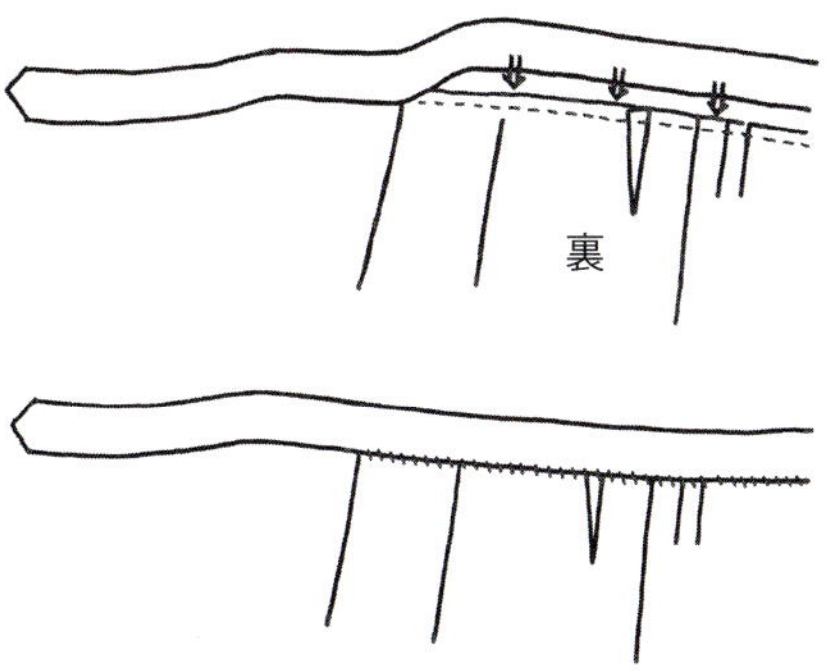

あいている部分をくけて、できあがり
＊ポケットが欲しい人は残った生地で作りましょう。

片袖分（一幅×80㎝程）の生地があれば、前だけの前掛けができます

【お勝手着】

着物を着て作業をするとき、全身をすっぽり被ってくれる長い上っ張りがあると、汚れを気にせず動けます。着物として着るには小さすぎる着物が、ちょうどよい材料になります。袂《たもと》を直して、紐を付けるだけで完成です。

（写真は本書13ページ）

●素材選び

単衣の着物で、洗濯しやすい木綿、ポリエステルのものがおすすめ。羽織ってみて、裾をすらないような小さなサイズのものが最適です。長いものは丈直しが必要になります。裄丈も小さくて大丈夫。その方が作業をするとき、邪魔になりません。

●袂の始末

2種類のやり方を紹介します。丸か三角、お好きな方をどうぞ。ここで紹介するサイズはあくまでも目安ですので、使いやすい大きさに調節してください。

丸い袖

①

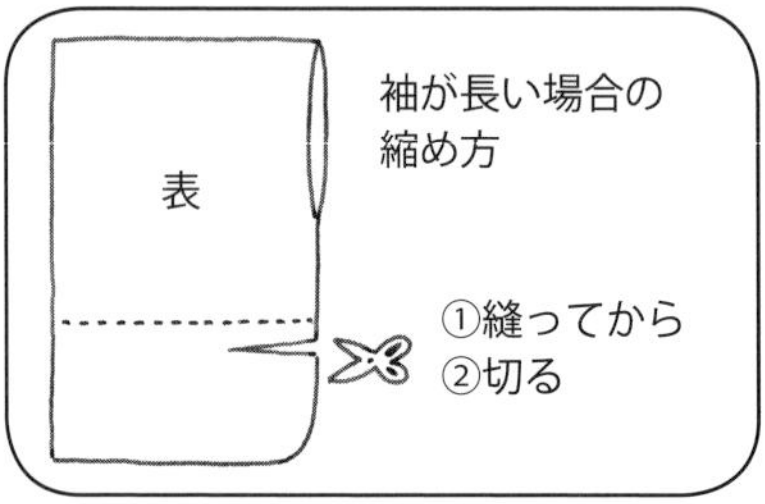

表
袖が長い場合の
縮め方
①縫ってから
②切る

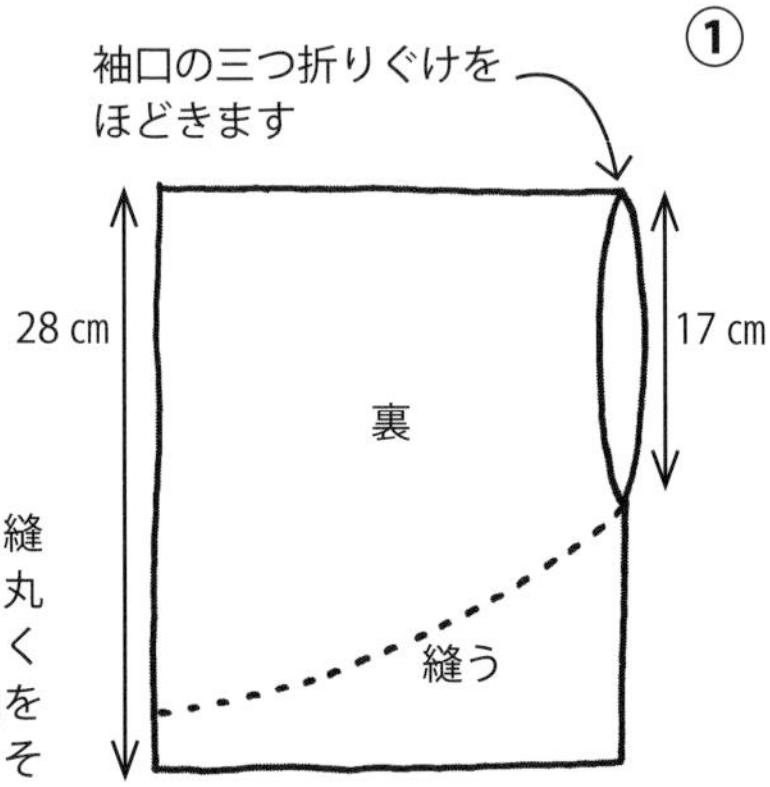

袖口の三つ折りぐけを
ほどきます
28 ㎝
17 ㎝
裏
縫う

袖を中表にひっくり返し、図のように丸く縫います。袖が長くて余り部分が邪魔なら、丸く縫う前に、外表のまま、袖の長さ 30cm くらいのところで一度直線縫いし、縫い代を 1cm ほど残して、余分な布を切ります。それから中表にひっくり返して丸く縫います

②

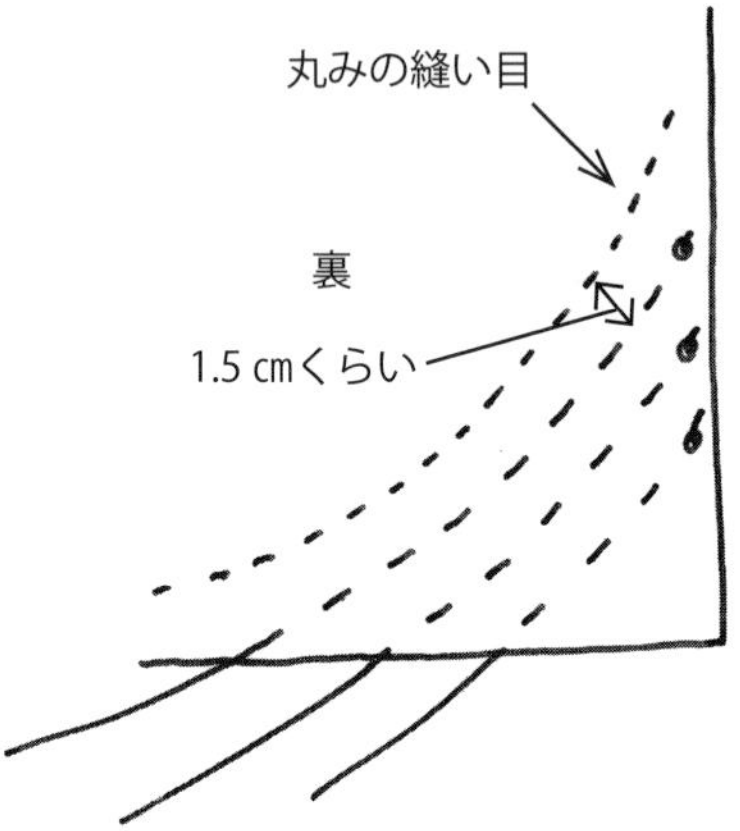

丸みの縫い目
裏
1.5 ㎝くらい

丸み部分の余り布の始末をします。丸みの外側をなみ縫い。間隔を 1 ～ 2cm あけて、そのまた外側をなみ縫いします。全部で 3 ～ 4 本。このときなるべく縫い目がそろうようにすると、折り畳むとき、収まりがよくなります

③

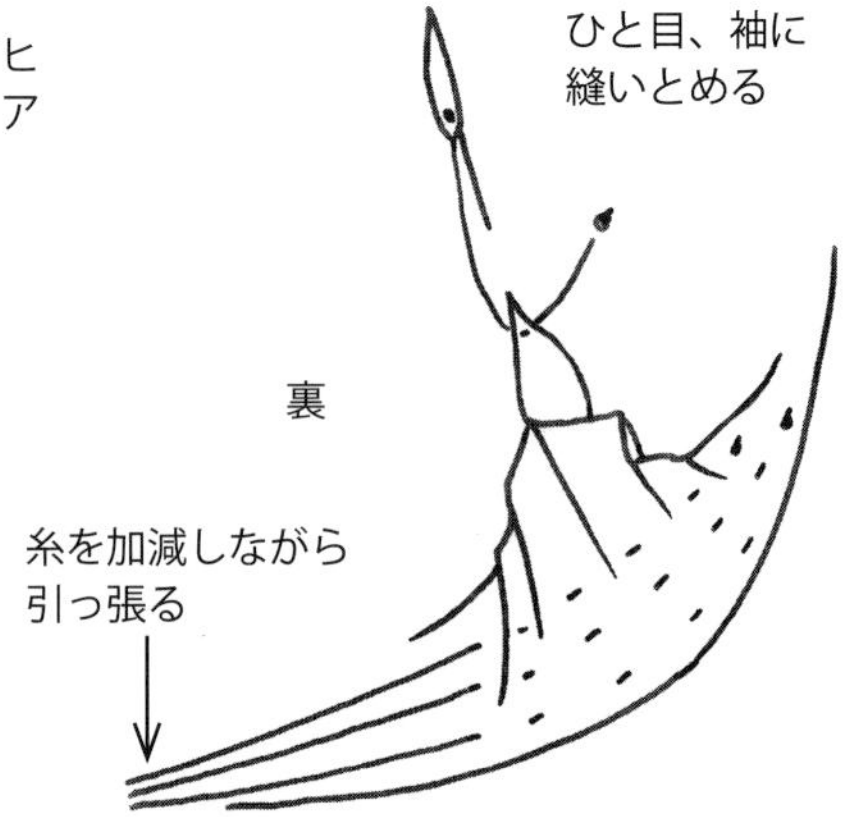

ひと目、袖に
縫いとめる
裏
糸を加減しながら
引っ張る

余り布は前袖側に倒します。糸を絞ってヒダをつけ、糸で縫い押さえておきます。アイロンで押さえて落ち着かせます

④

袖口を 1cm 幅くらいで三つ折りぐけし、ゴムを通します。丸い袖のできあがり

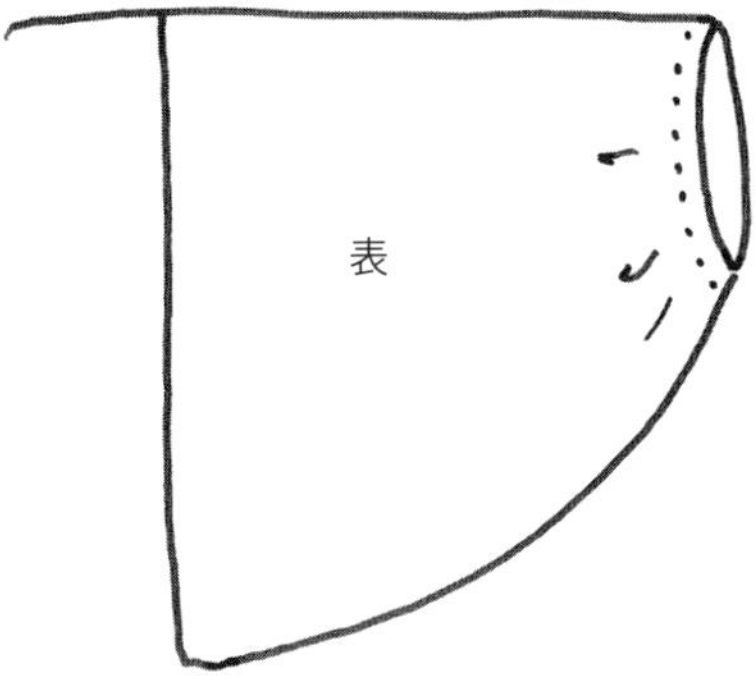

三角袖

①

袖を中表にひっくり返し、袖下から袖口に向かって斜めに縫います。袖口は 13 ～ 14cm あくように。袖丈が長すぎる場合は、40cm ほどの丈に直してから、この工程に入りましょう

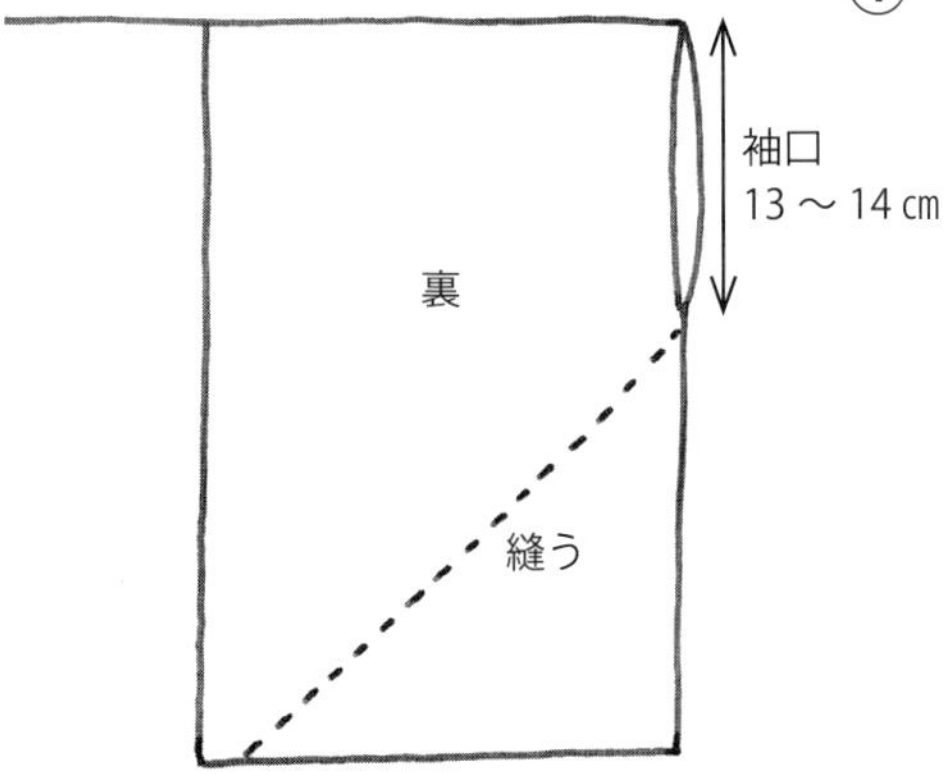

②

袖の振り部分を前側に三角に折り上げます。前袖と三角に折り上げた部分を縫い付けます。後ろ袖まで縫ってしまわないよう気をつけて。裄の小さいものなら、袖口のゴムは入れなくても大丈夫

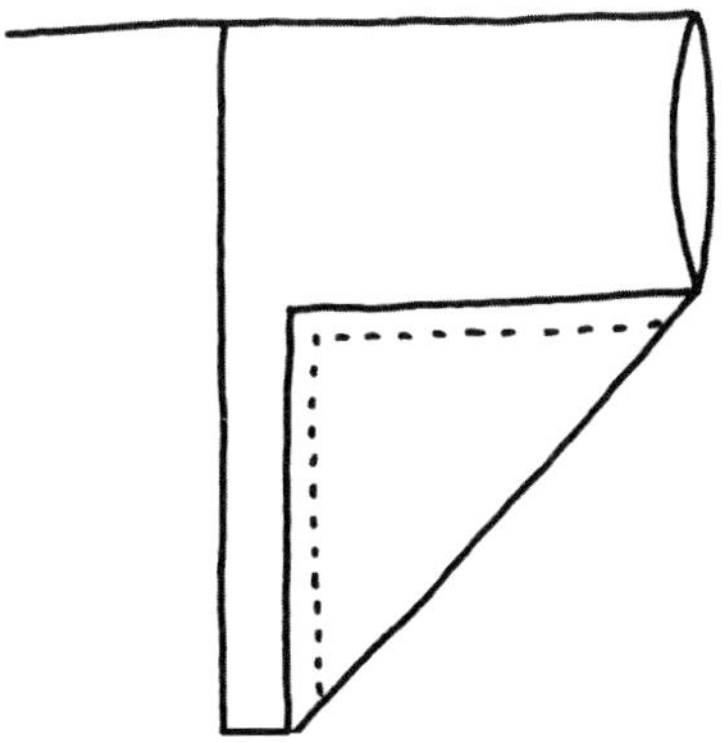

以下は袖の形に関わらず共通です。

袖の振り

袖の振りがあきすぎていると、中から着物の袖が出てきてしまうことがあります。あきを4㎝ほど残して、身頃と袖を縫い合わせましょう。

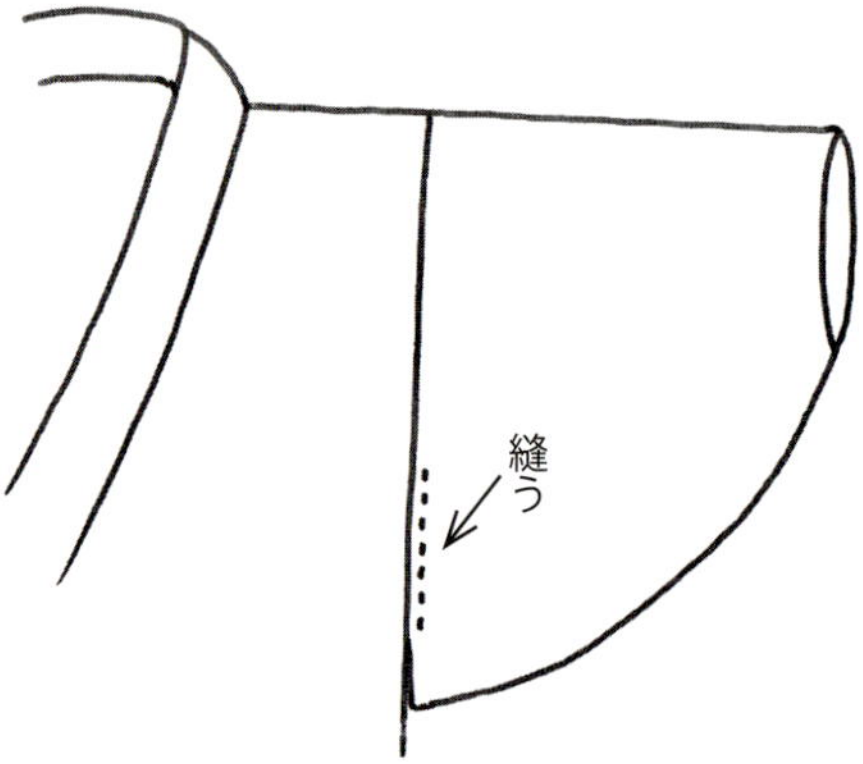

紐を付ける

22～25㎝の長さの紐を4本用意します（袖や丈を切った場合は、その端切れから紐ができます）。着てみて、腰骨の上あたりのところに紐を縫い付けます。動いてみて、はだけるようなら、紐の数をもう2～4本増やしましょう。

＊着物の丈が長い場合
裾を切るか、腰回りで縫い上げて、長さを調節しましょう。

＊身幅がありすぎる場合
衽をはずし、身頃だけにします。襟を途中までほどき、衽を取りはずしてから身頃に襟を付け直します。襟が余るので、適当なところで切って始末します。

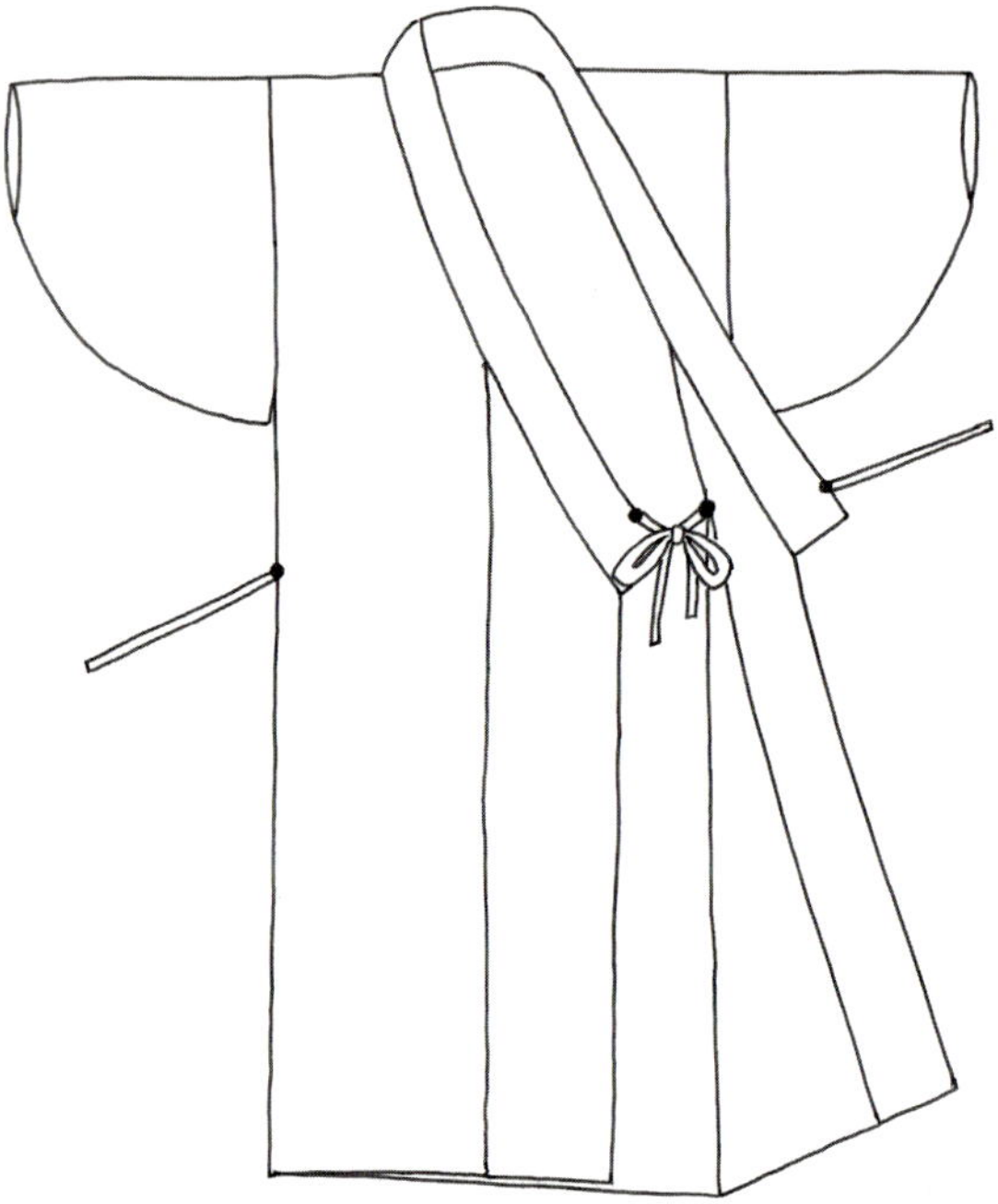

【布ナプキン】

布で生理用ナプキンを作ってみましょう。ネルなどの肌触りがよい生地で作るととても快適。洗うことは、自分の体調を知る手がかりになり、この1カ月、自分がどう暮らしてきたかを振り返るきっかけにもなります。特に、肌トラブルのある方、生理痛や、周期が整わないなどで悩んでいる方にはおすすめです。

地肌に触れるものを、自然なものに替えることで、体が本来の働きを取り戻し、体調が改善されていきます。使ったら洗い、何度も繰り返し使えるので、ごみも出ません。作り方は簡単。生理だけでなく、尿漏れにも利用できます。

●布選び

ネルなどのちょっと厚みがあり、肌に当てたときに温かみがある生地がおすすめです。ネルといえば、冬用の足袋の裏地や腰巻きに使われていましたが、今でもシャツやパジャマなどで時々見かけます。もう使わなくなったものをリメイクしてみましょう。ネル以外でも、ちょっと厚みのある、肌触りのよい木綿や絹の生地なら大丈夫です。

●ナプキンの形

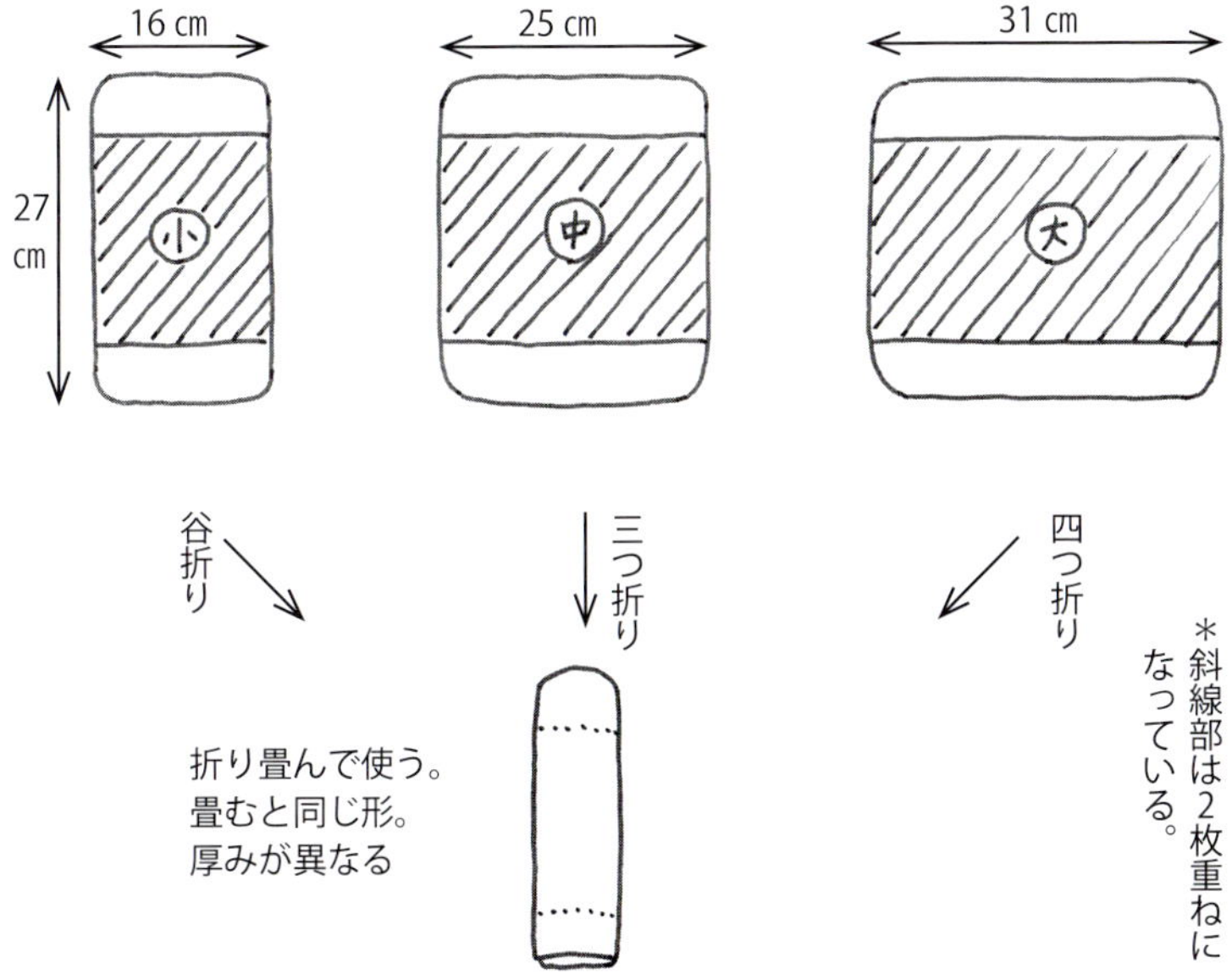

16cm
25cm
31cm
27cm
小
中
大
谷折り
三つ折り
四つ折り
折り畳んで使う。
畳むと同じ形。
厚みが異なる
＊斜線部は2枚重ねになっている。

●布のサイズ

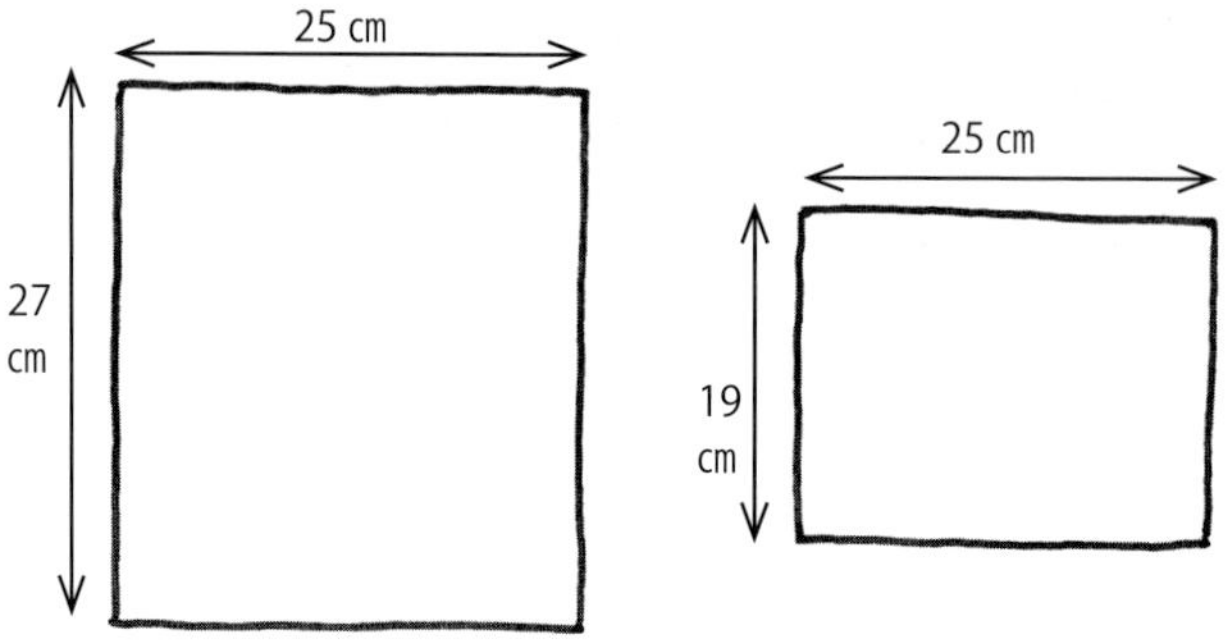

2 枚の布を用意する。大きい布がナプキン本体。小さい布は、本体の中央部分にのせ、厚みを出す

【作り方】

①

本体の四隅を丸くカットする

②

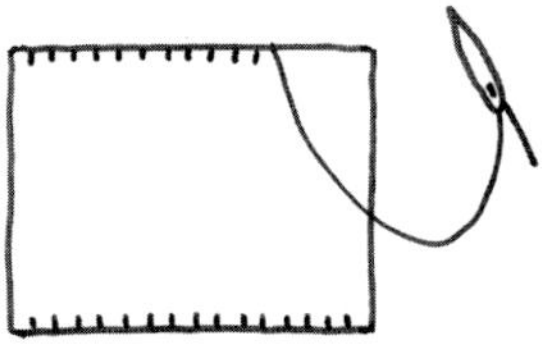

重ね布の 2 辺の切り端をかがる（ブランケットステッチまたはジグザグミシン）

③

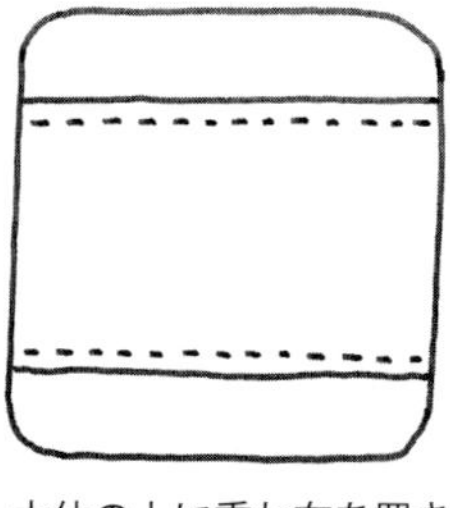

本体の上に重ね布を置き、縫い合わせる

④

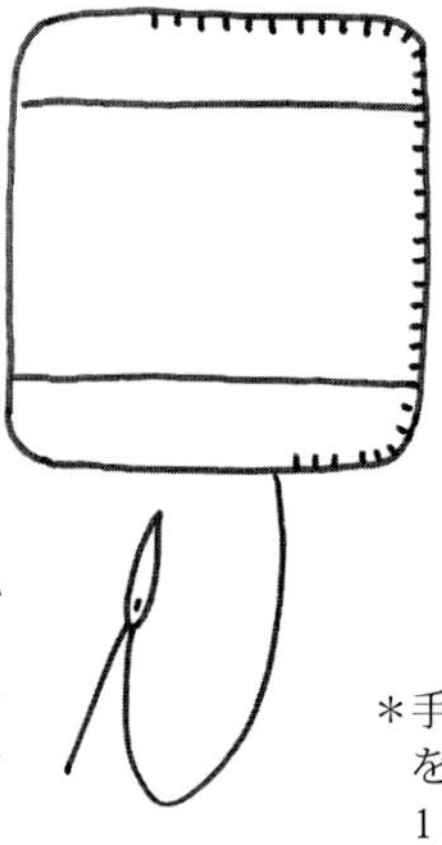

周囲をぐるりとかがる（ブランケットステッチ、またはジグザグミシン）

＊手縫いでもミシンでも、どちらでもできます。色糸を使ったり、草木染めなどを施して、お気に入りの 1 枚を作ってみましょう。

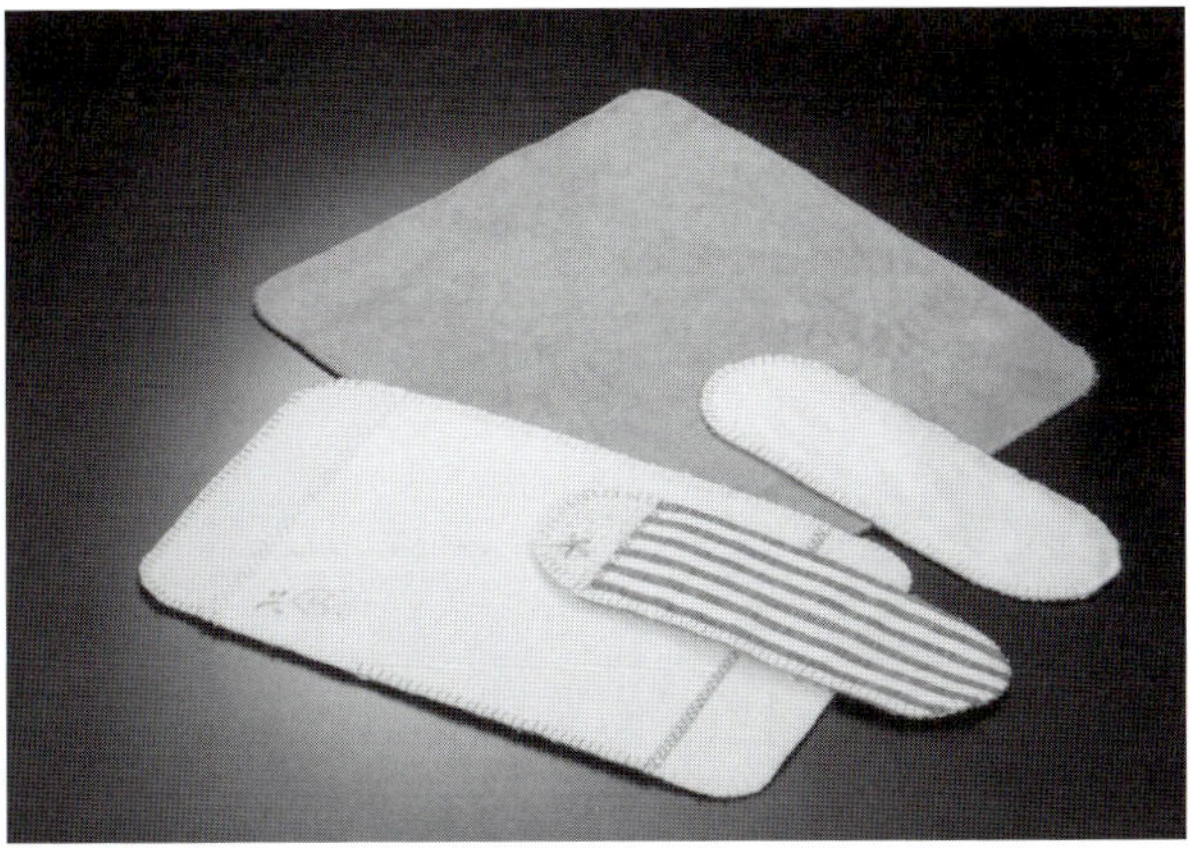

【パッドの形&作り方】

ナプキンだけでは不安な場合は、パッドで補強しましょう。ナプキンに挟んで使います。

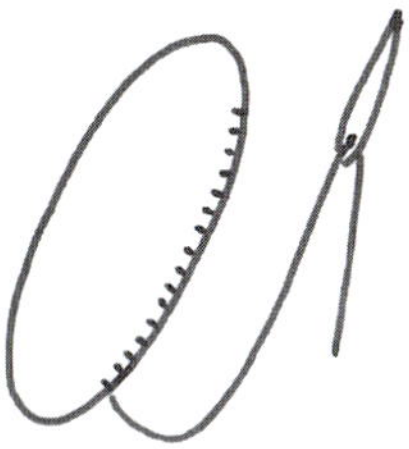

布は３枚重ね、小判形に切り周囲をぐるりと縫う（ブランケットステッチ、またはジグザグミシン）

【使い方】

量の少ない日は、汚れた面を内側に折り返して、きれいな面が体に当たるようにすれば、一日1枚で過ごせます。

使ったら、しばらく水に浸けておき、血液が十分溶けてから洗ってください。干すときは、お日様に当てましょう。シンプルな形なので早く乾きますよ。

3 裂き編み・裂き織り

シミや汚れが目立ってしまう布、性《しょう》が抜けてへたってしまった布にも、活躍の場があります。布を紐状に裂いて作る裂き織りは、布が貴重だった頃の人々の知恵と手間の結晶。強さと美しさを兼ね備え、今も多くの愛好者がいます。現代の作家さんも多く、裂き織りならではの風合いを生かした作品が生み出されています。

布を裂いてできた紐は、織物だけでなく、編み物にも使えます。市販の毛糸とは一風違ったおもしろいものができますよ。へたってしまった布を裂いて編むと、柔らかな風合いになり、シャリ感のある生地を使えば、張りのあるものができます。

本書8ページの帽子は、女物長着の約3分の1の布を使って編み上げました。編み方は編み物の本を参考にしましたが、編み針の号数や編み目の数は、本に書いてある数字にとらわれず、少し編んでは大きさを測りながら仕上げました。自分で作った裂き紐は一定の太さになりにくく、仕上がりの大きさも予定通りにはいかない場合があります。編みやすい太さの編み針を探し、編んでいるものの寸法を時々測りながら、編み上げていきましょう。

　帽子の他にも、着古した浴衣を裂いて編めば、肌触りのよい足拭きマットができますし、少しの生地なら、コースターや鍋つかみなども。工夫次第で最後の最後まで布を使いきることができます。

●布を紐状に裂く

布を裂いて紐を作ります
（手でもはさみでも）

縄をなうように撚《よ》り
をかけます
＊撚りはかけてもかけ
　なくても使えます。
　お好みで、どうぞ。

裂き織りバッグ

【コラム】おばあちゃんの布がたり⑤

おむつ

最近、布おむつを外に干している家庭を見かけなくなりました。昔は、母親が嫁に行く娘のために麻の葉の文様のおむつを縫って、嫁入り道具として持たせたものです。おばあちゃんやおじいちゃんの古くなった浴衣をほどいて手縫いもしました。古い布ほど柔らかく、肌触りがいいのです。

おむつは、「襁褓《むつき》」という漢字に由来し、「強く包む」「温かく包む」という意味が込められているとか。おむつは赤子が生まれて一番最初に包まれる布だったのです。その他にも、おくるみ、ねんねこばんてんなど、赤子は布に包まれ、護られながら育ちます。布で赤子を包むと、安心してすやすや眠る効果があるといわれ、南米をはじめ世界の国々には、1歳まで布をぐるぐる巻き付けて育てているところもあるくらい。布のおむつには、排泄物を受け止める他にも役割があったのです。

紙おむつに比べ、取り替える回数の多い布おむつは面倒かもしれません。でも、おむつを替えるたびに赤子と会話し、体調を観察し、日々の成長を喜ぶ大切な親子の交流の時間でもありました。おむつから解放されたおなかや足を手のひらでマッサージしたものです。「強くなぁれ、強くなぁれ」とおまじないを唱えながら…。そんな手間が創り出してくれる豊かな時間があることも忘れないでいたいですね。

お気に入りのお店 DATA

昔着物

▶古布　きむら

お値打ちのものから、珍しいアンティークまで幅広くそろっている。店主との着物談義が楽しく、ついつい長居してしまうお店。
名古屋市千種区西山元町 2-46-8
TEL. 052-763-6801
営業日：毎月基本的に 1 日～ 15 日まで (16 日以降は電話予約)

▶アンティーク・リサイクル着物＆カフェ　蘭丸

これから着物を楽しみたい、自分流に気軽に着物を楽しみたいという人におすすめのお店。足袋や半襟など小物も充実し、古布も人気。
名古屋市千種区今池 3-2-9　ママビルディング 1 階
TEL. 052-735-6053
営業時間：13 時～ 20 時　定休日：火曜日、第 1・3 水曜日

▶蝉丸

明治・大正時代の貴重なアンティークが豊富。年何回かの 2000 円均一セールは毎回大盛況。着付け教室も人気。
名古屋市千種区本山町 2-65-3
TEL. 052-764-0014
営業時間：10 時～ 18 時　定休日：日曜日、祝日

▶ながもち屋

値段は 5 千円から。結構よい状態のものが多く、お値打ち。
名古屋市中村区名駅 1-1-2　松坂屋名古屋駅店 5 階
TEL. 052-563-7122
営業時間：10 時～ 20 時
丸栄 8 階、名鉄百貨店 7 階ほか全国にショップあり。

▶やゝ（やや）

アンティーク着物・帯が豊富にそろう店。和装小物、バッグ、帯留めなども豊富。日本文化のすばらしさを改めて確認できる。時々、JR 名古屋タカシマヤや名鉄百貨店の昔きものバザールに登場。
[知恩院店]
京都市東山区古門前石橋町 306
TEL. 075-531-4060
営業時間：11 時～ 18 時　定休日：お盆、年末年始のみ
URL http://www.yaya2002.com/

ふろしき

▶宮井株式会社

1901年創業。袱紗、ふろしき、和装小物などの企画・製造・卸売りをおこなう。京都本社と東京日本橋人形町にギャラリーもある。

［京都本社］
京都市中京区室町通六角下ル鯉山町 510
TEL. 075-221-0381
URL http://www.miyai-net.co.jp/
全国主要百貨店ふろしき売り場で取り扱っている。
［唐草屋　京都インフォメーションセンター］
ふろしきの啓蒙活動の拠点。慶弔のマナーから日常生活での利用法まで、その場でレクチャーが受けられ、ふろしきのすべてがわかる。
京都市中京区麩屋町通り御池上ル上白山町 252-4
TEL. 075-212-5540
営業時間：10時～18時　定休日：水曜日、木曜日

▶染織　京楽布《きょうらっぷ》

西陣織の古典柄から友禅染の洋柄まで、個性的な柄がそろうふろしき専門店。名刺入れ、「うぇすと・ぽーち」、ビジネスバッグなどオリジナル商品もかわいい。ふろしきを買って、その場で包み方を教えてもらおう。
京都市中京区新京極通蛸薬師下ル東側町 525-1　京都吉本ビル　パッサージオ1階
TEL. 075-212-0246
営業時間：11時～20時
URL http://www.kyo-wrap.com/
東急ハンズ名古屋店8階　和雑貨売り場でも商品を一部扱っている。

手ぬぐい

▶永楽屋 細辻伊兵衛商店

京都で約390年続く綿織物商の老舗。明治～昭和初期までのデザインを復刻した「町屋手拭」が特にお気に入り。本書に掲載した舞妓スポーツシリーズは、ほかに野球、卓球、スキーなども。本店と祇園店2階に「町屋手拭ギャラリー」がある。
［本店］
京都市中京区室町通三条上ル役行者町 368
TEL. 075-256-7881
営業時間：11時～19時　年中無休
URL http://www.eirakuya.jp/
四条店、祇園店、寺町店、宇治平等店あり。ネットショップも。

▶ RAAK

永楽屋 細辻伊兵衛商店の新ブランド。京都らしい建物の中にモダンなデザインの手ぬぐい、ガーゼマフラー、巾着などが並ぶ。長いガーゼマフラーは帯揚げにも。
［本店］
京都市中京区室町通姉小路下ル役行者町 358
TEL. 075-222-8870
営業時間：11 時～ 19 時　年中無休
URL http://www.raak.jp/
四条店、祇園切通し店、祇園石段下店、宇治平等院店あり。ネットショップも。

▶銀座大野屋

歌舞伎座の交差点はす角で、明治初年、足袋屋として創業した老舗。戦前から手ぬぐいも扱い、現在は 400 種近い。歌舞伎の隈取りや何種類もある干支柄がおすすめ。もちろん足袋も。
東京都中央区銀座 5-12-3
TEL. 03-3541-0975
営業時間：10 時～ 19 時　定休日：水曜日
URL http://www.ginza-oonoya.com/

▶かまわぬ

てぬぐいの専門店。代官山本店をはじめ東京・横浜に直営店 7 店舗、全国各地に取扱店も多い。江戸小紋柄、季節柄、動物柄など古典から現代的な柄まで種類が豊富。手ぬぐいの使い方を紹介した本の出版も。
［代官山本店］
東京都渋谷区猿楽町 23-1
TEL. 03-3780-0182
営業時間：11 時～ 19 時　年末年始のみ定休
URL http://www.kamawanu.co.jp/
通販もおこなっている。

［リメイク］

……帯……

▶花邑（hanamura）

帯職人・すぎえすみえがデザインする、アンティークの着物地、古布などから仕立てたオリジナル帯の店。特に和更紗の品ぞろえが豊富。帯の仕立て教室もおこなっている。モール内の他の店も必見。
東京都中央区銀座 1-13-1 アンティークモール 2 階
TEL. 03-3563-0887
営業時間：11 時～ 19 時　定休日：水曜日
URL http://www.hanamura.biz/

……着物を日傘に……

▶素敵空間　NOAH（ノア）

おばあちゃんの形見の着物を日傘にリメイク。もちろんお気に入りの布を買って日傘にしても。ネットから注文できる。近くの人は工房に直接持ち込むのが便利。（写真6ページ）

工房：愛知県日進市梅森町新田 135-351
TEL. 052-801-4350
営業時間：10 時〜 16 時
定休日：土曜日、日曜日
URL http://www.sutekikukan-noah.com/
ネットショップでは、羽毛・羊毛布団など寝具類も扱う。

アンティークショップ

▶骨董屋「楽天」

日常生活で使って楽しめる、お手頃価格の和ものの骨董が多数。建具やたんすなどの大きいものから食器、着物、時計、ボタンや糸まで。同ビル内は、ほかの階もアンティークのお店でいっぱい。最上階のカフェも落ち着ける空間でおすすめ。

名古屋市千種区千種通 7-2-24　吹上ヒストリービルディング 4F
TEL. 052-745-1655
営業時間：10 時〜 19 時　定休日：水曜日（祝日の場合は営業）
URL http://www.antiquemarket.co.jp/

刺し子

▶飛騨さしこ

刺し子ののれんや作務衣ほか、さまざまな小物も。伝統の模様や図案だけにとらわれず、伝統とモダンを兼ね備えた作品もある。

岐阜県高山市片原町 60
TEL. 0577-34-5345
休業日：冬季のみ毎週水曜日
URL http://www.hidanet.ne.jp/~sashiko/

アイヌの工芸品

▶ホロベツ民芸

木彫りのお盆や糸巻き、小刀など、アイヌの伝統工芸品を制作している。各地の百貨店などで催される北海道物産展にも出店することがある。

北海道浦河郡浦河町西幌別 1 番
TEL. 0146-28-1820

【参考文献】

『きもの文化史——艶と麗と粋』朝日新聞社編（朝日新聞社、1986 年）

『薬草の自然療法——難病も自然療法と食養生で治そう 』東城百合子（池田書店、1988 年）

『一条ふみさんの自分で治す——草と野菜の常備薬』一条ふみ（自然食通信社、1998 年）

『写真でつづる　上州の民俗』都丸十九一（未來社、1999 年）

『世界の薬食療法——くすりになる食べ物』G.W. ギルホード著、村上光太郎、李秀玲監修、久保明監訳（法研、1999 年）

『古代染色二千年の謎とその秘訣』山崎青樹（美術出版社、2001 年）

『ひろがれひろがれエコ・ナプキン』角張光子（地湧社、2005 年）

『心をつつむ　ふろしきの美』森田知都子（産経新聞出版、2006 年）

『ふろしきでエコライフ　改訂版——バッグ・包む・インテリア』森田知都子（ブティック社、2008 年）

おわりに

ほんのちょっと時代をさかのぼると、ゆっくりと手と知恵を働かせながら、1枚の布を繰り返し使いこなしていた時代がありました。モノがあふれ、右から左へと使い捨てている現代は、「モノ」のほかにも、「時間」や「気持ち」までも使い捨てにしているような気がします。

ふろしきや手ぬぐいを工夫して使っていると、身の回りにあるモノの中で、どうしても必要なものは案外少ないかもしれないと思えてきます。本当に大切にしたいものを愛情もって長く使うことの方が、豊かで楽しいということを、布と触れ合うことで実感しました。

この本は、布を愛する仲間三人でつくりました。着付けに「智」と「美」を見いだすグラフィックデザイナー。自分で育てた綿で糸を紡ぐ友禅染の作家。人と暮らしを見つめる編集者。

ここでは、私たちの布生活の一端を紹介したにすぎませんが、これをヒントに、自分らしく、和やかに布生活を楽しんでください。

[著者紹介]
茶原真佐子（ちゃはら・まさこ）
愛知県名古屋市生まれ。有限会社 木文化研究所に入社し、環境教育プログラムの企画運営、自然素材を活かしたクラフト教室での指導、デザイナーとして通信媒体の作成などもおこなう。子どものころから着物に興味があり、20 歳を過ぎたころから着付けを習い始める。現在は、友人を中心に着付け教室も開いている。これからは、「着物を着てみたいけど難しそう」と思っている人に、意外と楽に着られることを伝えていきたいと考えている。名古屋市在住。
（執筆、およびイラストを担当）

浜口美穂（はまぐち・みほ）
京都府与謝野町（丹後）生まれ。フリーランスのライター・編集者として、環境情報のほか、人、暮らし、自然、まちづくりなどをテーマに執筆・編集・企画をおこなう。ふろしき研究会会員、環境省の 3R 推進マイスターとして、ふろしき包みワークショップや環境講座などの講師も務める。財団法人日本自然保護協会自然観察指導員、なごや東山の森づくりの会運営委員としても活動。人と人、人と情報をつなげることが生きがい。今一番の関心事は、いかに粋に着物を着こなすかということ。名古屋市在住。
（執筆、および本書の編集を担当）

村瀬結子（むらせ・ゆうこ）
愛知県名古屋市生まれ。愛知県の伝統工芸である手描き友禅染（名古屋友禅）で、着物、帯などを制作している。1998 年ごろから、より自然に根ざしたものを求めて、草木染めや綿の栽培などを始める。2000 年より、布ナプキンの普及に努め、各地で布ナプキンの手縫い講習会などを開く。2006 年より、手紡ぎ手織りを始める。自家栽培の藍から、藍建ても手がける。美しいだけではない、力強さや存在感のある作品作りを目指している。岐阜市在住。
（執筆、およびイラストを担当）

［協力］
永楽屋 細辻伊兵衛商店
かまわぬ
銀座大野屋
玄米菜食＆カフェ　バオバブ
Coffee Break「Eighty Seven」
古布　きむら
金虎酒造
株式会社ケイス
三陽商事株式会社
戸田屋商店
半田博子
藤本志津子
ふろしき研究会
宮井株式会社

［撮影］
水野鉱造
（カバー、および 2-14、20、24-25、34、42、46、50、52、62、65、70-74、80、84、86、88、94、103 ページ）

［装幀］
夫馬デザイン事務所

和ごころ布生活

2008年11月10日　第1刷発行　　（定価はカバーに表示してあります）

著者　茶原 真佐子
　　　浜口 美穂
　　　村瀬 結子

発行者　稲垣 喜代志

発行所　名古屋市中区上前津 2-9-14　久野ビル
振替 00880-5-5616　電話 052-331-0008
http://www.fubaisha.com/
風媒社《ふうばいしゃ》

乱丁・落丁本はお取り替えいたします。　＊印刷・製本／大阪書籍印刷
ISBN978-4-8331-0137-0

田中和子

ヨーガ・マスターズ・バイブル

●完全なるヨーガ・ポーズ大全

楽しみながら、心身を健やかに――。自己表現が豊かになったり、集中力がついたり、不眠が解消されたり……たくさんの良い変化を与えてくれるヨーガのポーズのおこない方を、効果や留意点なども交えて解説。

二二〇〇円＋税

桜木健古

玄米食のすすめ

病気に悩む人、便秘気味の人、やせたい人、より美しくなりたい人、何をやってもダメだとあきらめるまえに玄米の不思議な効力をお試しあれ――玄米食ですぐれた効用とその食べ方を説いた健康と美容の本。

一五〇〇円＋税

杉澤周子

布草履・藁草履を作ろう

基礎知識から縄の綯い方、本体の編み方、鼻緒の付け方など、豊富なイラストで図解。レトロな味わいの藁の草履から、古着を利用した色鮮やかな布草履まで……環境にやさしい素材で作る草履は気持ちいい！

一五〇〇円＋税

杉澤周子

はじめて作る布ぞうり

着れなくなったTシャツと荷造りロープだけでOK。身近にある材料を使って、足に心地よい、いろいろな布草履を作ってみよう！　見やすい大きな活字と丁寧なイラストで、初心者も、これで挫折せずに作れます。

八〇〇円＋税

ギル・佳津江

今日からはじめるアロマセラピーマッサージ

ストレスを解消したり、イライラを鎮めたり、落ち込んだ気持ちを引き上げたり……家族や友人と、あるいは一人で気軽にできるリラクゼーション。今日から始められるアロマセラピーマッサージの方法を図解で紹介。

一六〇〇円＋税

横平義春 著　田中俊弘 監修

脳をすこやかにする薬草料理

さまざまなストレスにさらされる現代人。本書では、健康なからだを維持する養成法として薬草パワーに注目。ふだんの食生活に手軽に取り入れられるお手軽な料理レシピを紹介します。

一四〇〇円＋税